hito*yume book

授業で勝負する実践家たちへ

「一日講座」シリーズ4

筑波大学附属小学校

二瓶弘行の「物語授業づくり入門編」

文溪堂

物語授業づくりの基礎を明快に解説。
既刊『物語授業づくり一日講座』とリンク。
あわせて読むと即、実践に役立ちます。

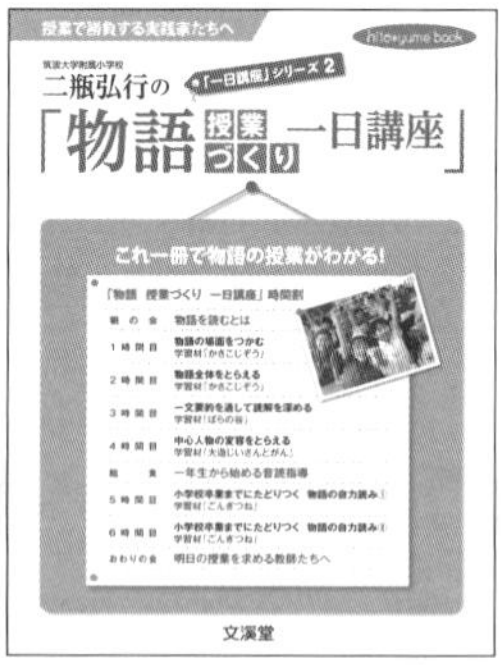

ココ!

初心者にもわかりやすい
解説。
難しい専門用語は使いません。

ちょっと背伸びした
内容もわかりやすく
丁寧に解説。

初心者のとまどいやすいポイント
ここは大事!という重点内容は

これだけはおさえよう!　Check　でナビゲート。

まえがき

国語授業づくりのエッセンスが詰まった「一日講座シリーズ」。

一日講座のビギナーズ版＝入門編をお届けします。

若い先生から寄せられた国語授業づくりに対する疑問をピックアップ。

今回は「物語授業づくり」の疑問にじっくりたっぷり答えます。

大切なのは「なんとなく」ではなく「問いをもって」学ぶこと。

「問いをもって」読み進み、二瓶ちゃんの心と技を受け取ってください。

筑波大学附属小学校 二瓶弘行の

「物語 授業づくり 入門編」

もくじ

Q-1

「物語」ってなんですか？

そもそも「物語」ってなんですか？
「説明文」ってなんですか？
物語と説明文は何がどう違うんですか？

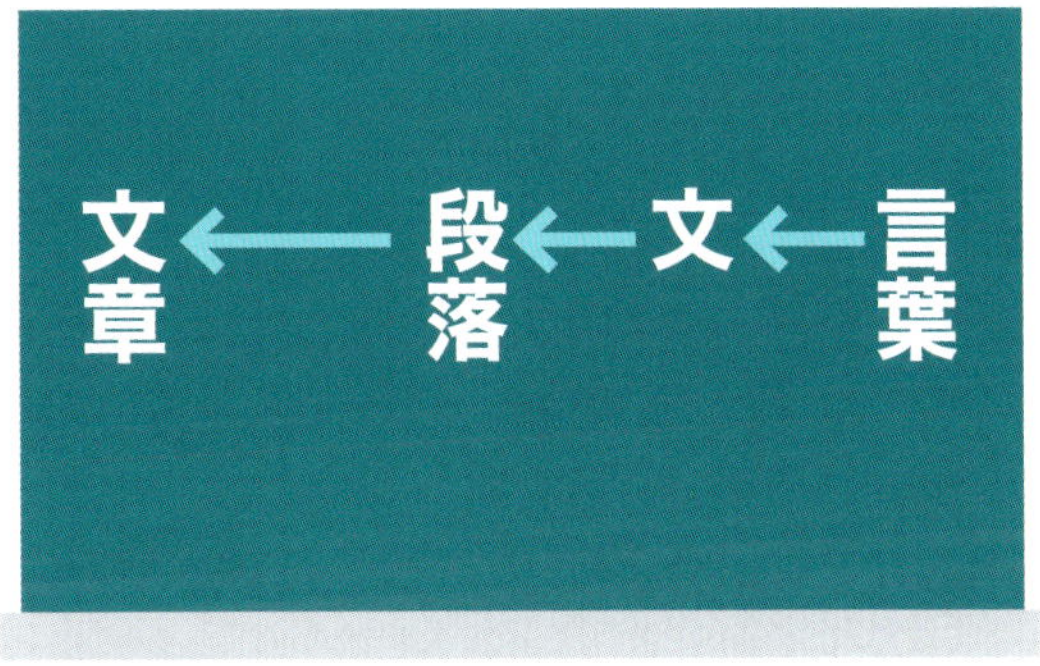

物語と説明文の違いって？

物語と説明文。どちらも「文章」ですね。どちらも同じ文章だけれど、我々はある文章を「物語」といい、ある文章を「説明文」と呼びます。

では、この二つは何が違うのでしょうか。

文章ですから、言葉が集まっています。言葉が集まって文をつくる。これは、説明文も物語も同じです。さらに文が集まって段落をつくる。段落がまたまとまりをつくって、文章をつくる。

このとらえ方は物語も説明文も一緒です。

言葉というのは、単語＋助詞、つまり「文節」でできています。

子どもたちに「分かち書き」をさせるでしょう？　このとき「おじいさん」で切らずに「おじいさんは」で切る。これが文節です。教科書でも一、二年生の教科書は分かち書きになっています。

分かち書きと言えば、どうして教科書が分かち書きになっているか、改めて考えたことがありますか？

低学年ではひらがな中心の文が多いため、一文が長くなると、語句と語句の切れ目がわかりにくい。まだ多くの語彙をもっていない低学年の子どもたちにとって、一語一語の判別も大変だし、意味もとらえにくくなります。そのため、文節単位に分かち書きをすることで、文を読みやすくしているのです。

私が子どもたちに分かち書きをさせるのは、読みやすさに加え、「言葉が集まって文をつくっている」ということを意識させるためです。

言葉・文節が集まって文をつくっています。そして文が集まって段落をつくり、段落が

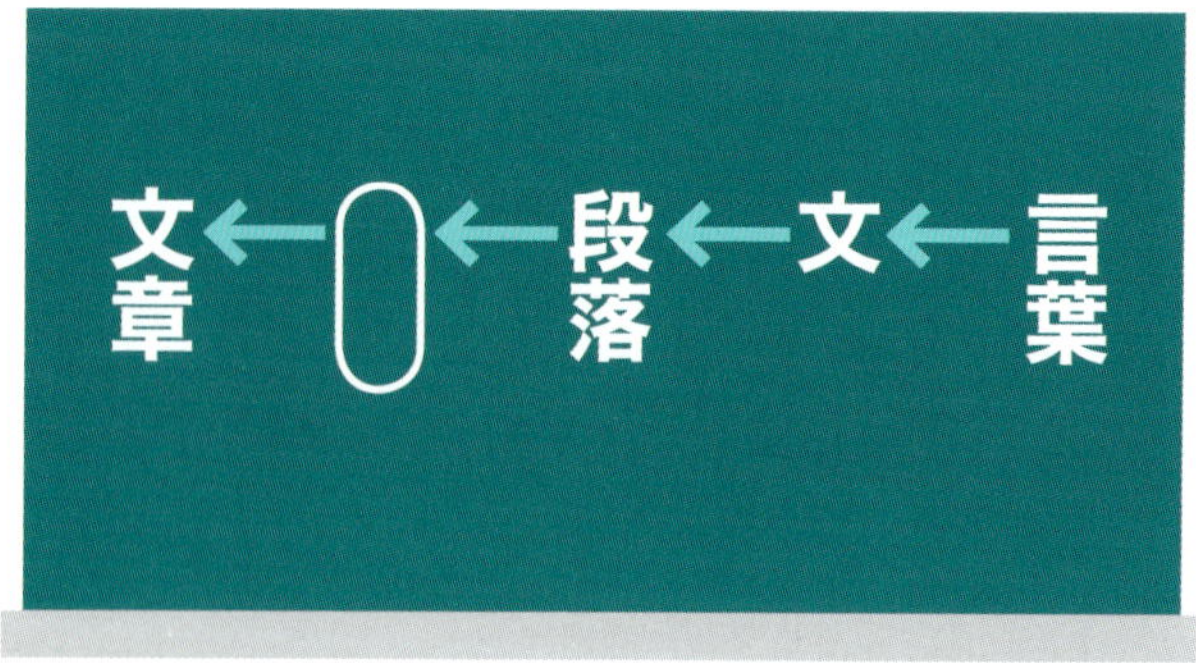

まとまって文章をつくる。物語でも説明文でも、このしくみは一緒です。

なのに、なぜ物語、説明文と分けてとらえるのか？　どうしてある文章のことを物語といい、ある文章のことを説明文というのか？　違いは何か？

あるんですよ。違いが。違いがあるということを子どもたちに意識させないといけないんですね。

さて、違いはどこでしょうか？

上の図でいえば（　）に違いがあります。それはどんなことでしょう。

物語と説明文は違うということを大前提にして、（　）の段階を「物語では…」、「説明文では…」と考えてみるといい。

説明文と物語のしくみの違いは？

まず、説明文から考えてみましょう。

説明文では、（　）の段階を「意味段落」ととらえます。

説明文では、言葉が集まり文をつくっている。文が集まって段落をつくっている。段落が意味のまとまりをもって、意味段落をつくっているというようにとらえます。

同じ段落という言葉を使うので、初めの段落を「形式段落」と呼んで区別し、意味段落という用語を教えたら、「その前の段落のことを形式段落と呼ぶよ」、と教えるといい。これは学習指導要領の解説に出てくる言葉だから、教えた方がいいですね。

形式段落の形式の意味は、「見てわかる段落」。つまり、作文指導でもやるけれど、行をかえて一マス下げる。そのことによって、段落が変わっているということが、読み手にわかる。見てわかる、形式としてわかる段落が形式段落です。

形式段落が意味のまとまりとして、意味段落をつくっている。その意味段落が集まって、一つの文章をつくっている。これが説明文の基本的なしくみです。

では、物語はどうか？

言葉が集まって文をつくり、文が集まって段落をつくり、段落が集まって意味段落をつくっている、というように物語はとらえない。物語では、（　）の段階を「場面」という用語で教えます。

物語はどうして段落を意識しないの？

説明文では段落意識が非常に大切です。段落をしっかり意識させるのが、説明文の読み。なぜなら、形式段落が集まって意味段落をつくっているというところにもっていくからです。

実際の活動を考えてみても、説明文では「段落番号をつけよう」という活動をやりますね？　ここでいう段落とは形式段落（改行＆一字下がりで、見てわかる段落）。形式段落で通し番号をつけるという活動を行うのはなぜか？

形式段落を意識させ、さらに形式段落の意味のまとまりで意味段落をとらえさせることが、文章全体を読むことにつながるからです。

物語にも段落はあるけれど、段落は意識させずに「場面」を意識させます。

なぜある文章のことを物語といい、ある文章のことを説明文というのか？
違いは何か？　違いがあるということを意識しないといけない。

物語では、段落が集まって場面をつくっているという読み方をしない。例えば「段落3から8までが場面の2だ」という言い方はしません。

物語では場面を大事にするから、強くは、段落を意識させないのです。ですから基本的に、物語では段落番号をつけません。なかには物語でも段落番号をつける先生もいるけれど、物語に段落番号をつけたら大変なことになります。

物語に段落番号をつけるとなぜ大変か。ちょっと考えてみてください。

物語には会話文があることが多いでしょう？　会話文が多用されると番号がつけにくい。ですから、物語で段落番号をつけるのはおすすめしません。例えば『ごんぎつね』に段落番号をつけたら、ものすごく大変なことになります。物語は場面をとらえることのほうが大事だから、形式段落にはあまり意味がないと覚えておけばいいでしょう。

物語は場面。場面意識をもたせることが大切。一方、説明文では段落意識をもたせることが大事。よろしいでしょうか？　ここをしっかりおさえてください。

説明文と物語の違いってこれだけ？

さらにプラスして、説明文と物語では違うことがあります。

説明文では意味段落と文章の間、物語では場面と文章の間、次の図でいえば□に違いがあります。

説明文では、言葉が集まって文をつくり、文が集まって形式段落をつくり、形式段落が集まって意味段落をつくっている。そして意味段落がいくつか集まって文章になっている、とお話してきました。さらに言うと、意味段落がいくつか集まって、さらなる大きな三つ

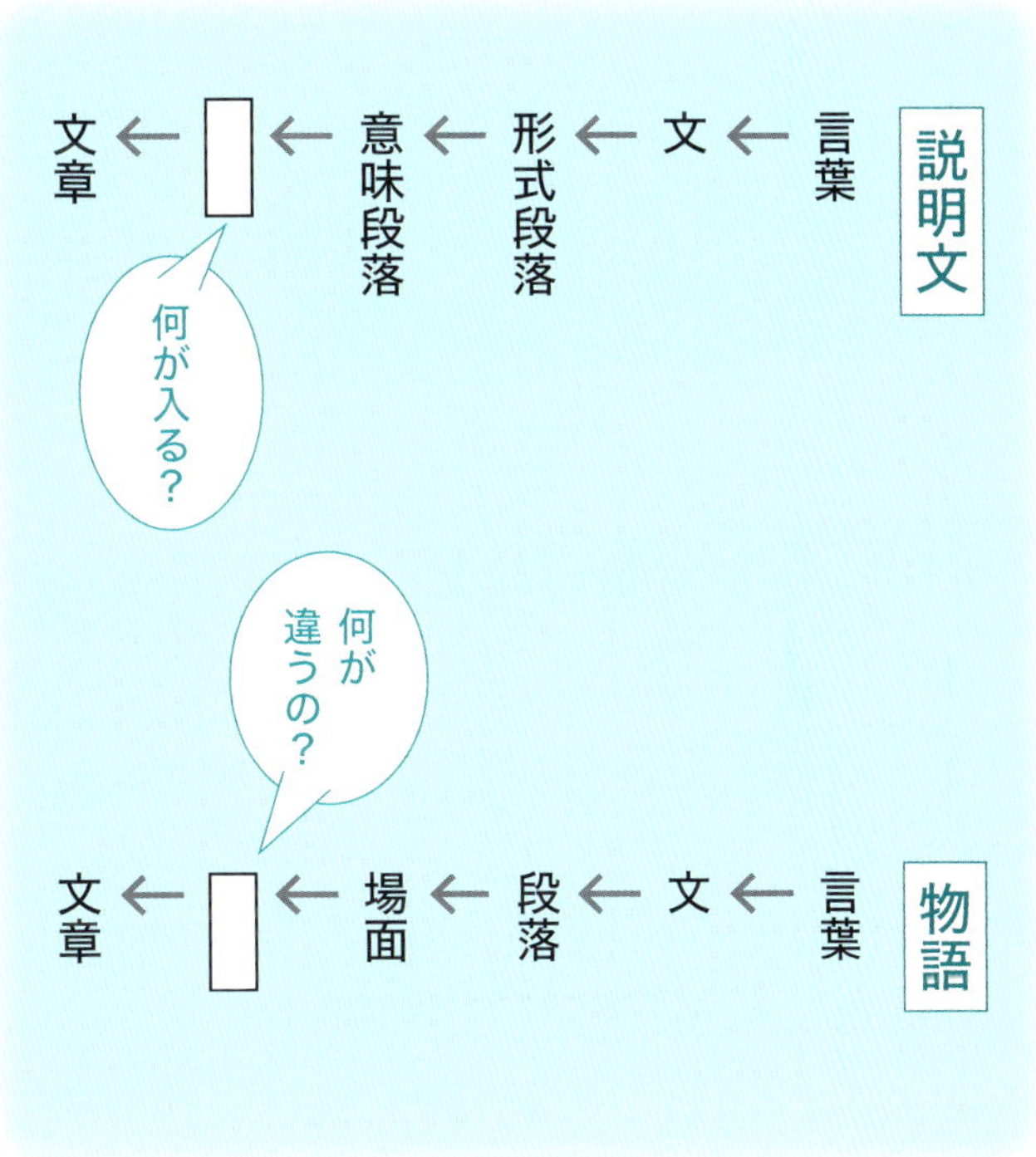

のまとまりをつくっているととらえます。

これを私は、一年生、二年生あたりから、「はじめ・なか・おわり」として教えます。さらに高学年になると「序論・本論・結論」というように三つのまとまりでとらえるのが基本だよと言って教えます。「はじめ・なか・おわり」あるいは「序論・本論・結論」ととらえることが、説明文を読むうえできわめて重要だからです。

では、物語の場面と文章の間の□の部分は何にあたりますか？

何度も言うように、物語は場面からできています。物語はいくつかの場面からできているけれど、高学年段階になったら、さらに□に着目させます。つまり、四つの大きな

場面からできていることをおさえるように指導します。

四つの場面とは、「はじまりの場面（前ばなし）・出来事の展開場面・クライマックス場面（山場）・おわりの場面（あとばなし）」。

あとで詳しくお話しますが、三つでくるのが説明文、四つでくるのが物語と意識させることが大切です。

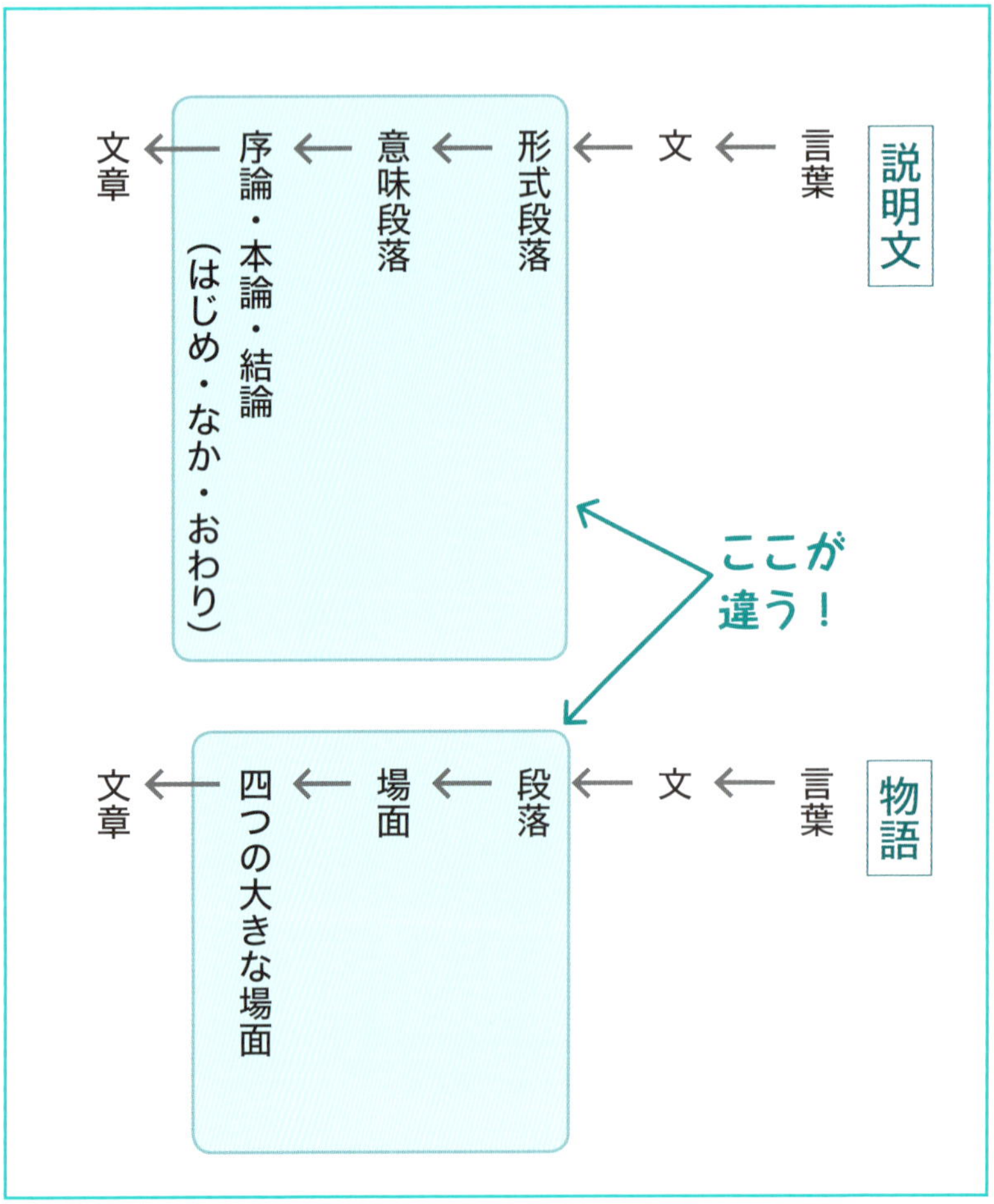

**これだけは
おさえよう！**

物語は場面でできている。
物語では「場面意識」を
もたせることが大事。
説明文では「段落意識」を
もたせることが大事。

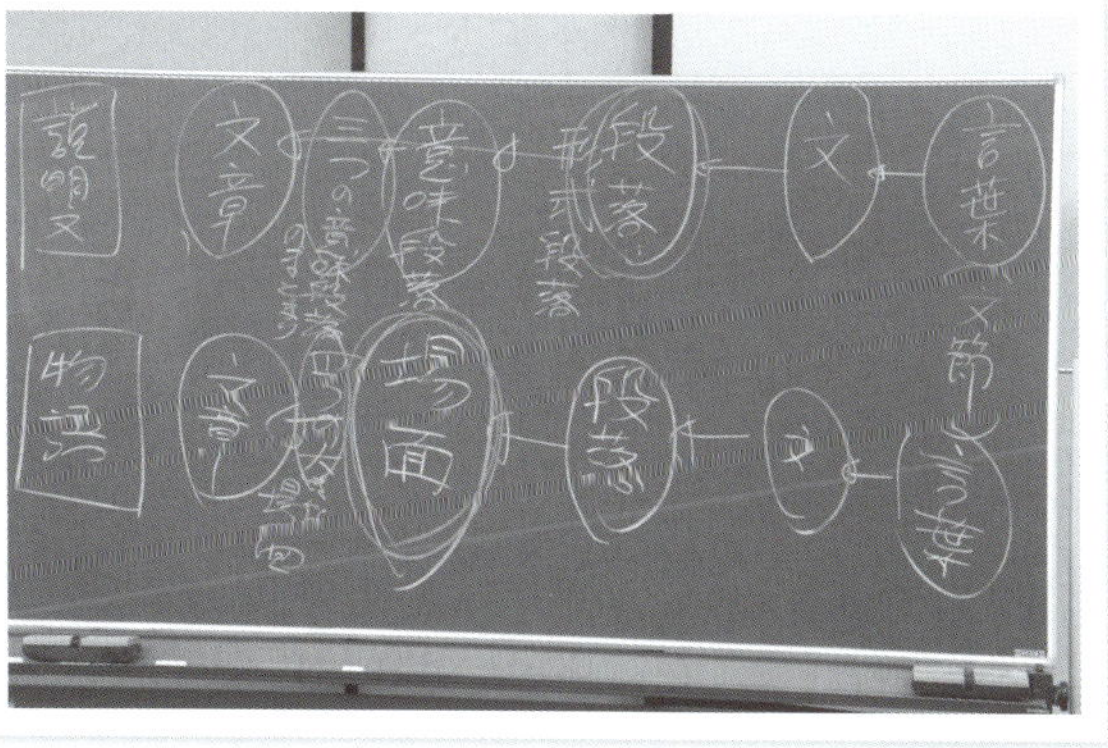

Q-2

どうして物語を学ぶの？学ばせるの？

国語の授業で物語を学ばせる意味ってなんでしょう。
物語の授業で何を教えればいいのでしょう。

物語は筆者ではなく作者なの？

どうして物語を学ぶのか、という本質の話に入る前に、もう少し説明文と対比しながら、物語ついて考えておきましょう。

Q1で説明文と物語のしくみの違いについて考えました。しくみ以外で、小学校段階でおさえておきたい違いは何か？

まず、小学校国語教室では、説明文の書き手のことを「筆者」といい、物語の書き手のことは「作者」といいます。これはおさえておいてください。

さらに、説明文は「事実」を書いているが、物語は「虚構」（フィクション）。この二つの用語が本質的な違いを表しています。

説明文は「事実」に即して表現されたもの。物語は「虚構」。言いかえれば「つくりごと」。もっと悪い言葉で言えば「うそ」なんですね。

虚構の世界・つくりごとの世界を言葉で表現したものが物語。それに対して説明文の方はあくまでも事実。ここが違う。

なぜ物語の書き手のことを「作者」と呼ぶのか。それは、物語が虚構（フィクション）だから。作者のつくった虚構の世界を精いっぱいの言葉で表現したものが物語という文章だから。つまり、現実ではない作品世界の作り手だから、「作者」なのです。

それに対して説明文は、事実にもとづいて表現されたものです。書き手の伝えたいことが明確にあって、伝えたくて書いたものが説明文。だからこそ、伝えたいことをわかってもらうために、さまざまに言葉を選び、表現するけれど、勝手につくってはいけない。つまり、ウソは書けない。なぜなら、全て事実に即して伝えたいことを表現したもの、それが説明文だからです。

言いかえれば、頭の中につくったイメージ世界を表現したものが物語。だからあえて「作者」と呼ぶのです。文学作品を著した人は「作者」。詩も筆者とは言わずに作者と言う。短歌・俳句も筆者とは言わない。作者です。それに対して、説明文の書き手は筆者です。

筆者と作者は区別して子どもに教えます。

事実とか虚構といったことは、低学年段階で教える必要はないですが、一年生段階から「筆者」と「作者」を区別して授業をしてほしいと思います。

Check

私の国語教室では一・二年段階から物語の重要な学習用語として次のように教えている。

【お話】＝物語

【作者】＝お話を作った人

【昔話】＝昔の人の暮らしの中から生まれたお話

【会話文】＝人物の話したり、思ったりした文（「　」や（　）にくくられる）

【地の文】＝物語の会話文以外の文

物語の読みのゴールはどこか？

物語は虚構だからこそ、さまざまな用語も教えなくてはなりません。

例えば「人物」。

説明文でも人物は出てきます。説明文でも「○○博士」とか、「△△先生」というように人物は出てきますが、物語の人物とは性格が異なる。人物という用語を大事にした学習は、

説明文の授業ではほとんど展開されないと言っていい。

一方で、物語の人物は大事だということをおさえておいてください。物語における人物は、物語の世界の中で「こういうように設定しよう…」と作者がつくったものだから。逆に言えば、作者がさまざまにつくっていいのが物語だから。人物もしかり、場もしかり、時もしかり…一つの作品世界を表現するために、作者が自由につくれるんですね。

説明文には、伝えたい中心「要旨」がある。一方、物語には、作者が込めたもの…生き方、人生観、価値観などがある。作者が、生き方、人生観、価値観といったものを精いっぱい表現しようと思って書いたものが物語です。

我々は授業で、小学校六年間かけて、説明文は「要旨」…事実の中心、考え方の中心を正確に読み取ることを読みの学習で大事にしないといけない。説明文を読んで筆者の主張、伝えたい事実の中心、つまり「要旨」を正確に受け取ることがきわめて重要な学習のゴールになります。

では、物語の学習のゴールは何になるのか。作者自身が物語に込めた価値観、生き方、人生観、これを受け取ることがゴールか、というと、そうでもありません。作者が物語に込めた価値観、生き方、人生観といったものから、読み手の側が何を強く受け取ったかがゴールになる。

つまり、作者の込めた人生観や価値観を探り当てる、読み取るのではなくて、読み手が「自分はこの物語から何を感じたか」、という自分の感想をもつことこそが、最も重要な読みのゴールになるのです。

気をつけたいのが、作者の込めた生き方、人生観、価値観は作者側のことであるということ。だから、物語の読みのゴールは、その物語をあなたが読んで、「最も強く受け取っ

たこと」は何か、物語が「最も強く語りかけてきたこと」は何か、を受けとめることです。

では、物語を読むってなんでしょう？
「物語を私は読めた」とはどんなことをいうのか。

優れた物語は、しっかりと読めば読むほど、強く語りかけてくるものがあります。その強く語りかけてくるものをしっかりと受けとめることできたとき、初めて「その物語を読むことができたと言えるんだ」ということを、六年間かけて子どもに教えるのです。

つまり感想をもつということ。

説明文は違う。説明文を読んで、「私はこんなことを強く感じました」という感想をもつことは大事。けれども、何より重要なことは、「筆者が伝えたいことは何か」ということをつかむ、要旨を受け取ること。それが読みのゴールです。さらに言えば、要旨を受け取ったうえで、説明文の筆者が伝えたいことがどのように表現されているかを検討し、筆者の伝えたい考えや意見に対して、読者として自分の意見感想をもつことが最終のゴールです。

「作品の心」ってなんですか？

五年生になった子どもたちに、私は物語を読む目的を話します。

物語を読むということは、書かれている言葉から、自分の心の中に場面を想像し、人物を想像し、自分だけの想像の世界をつくりあげることです。そうする過程で、物語は一人

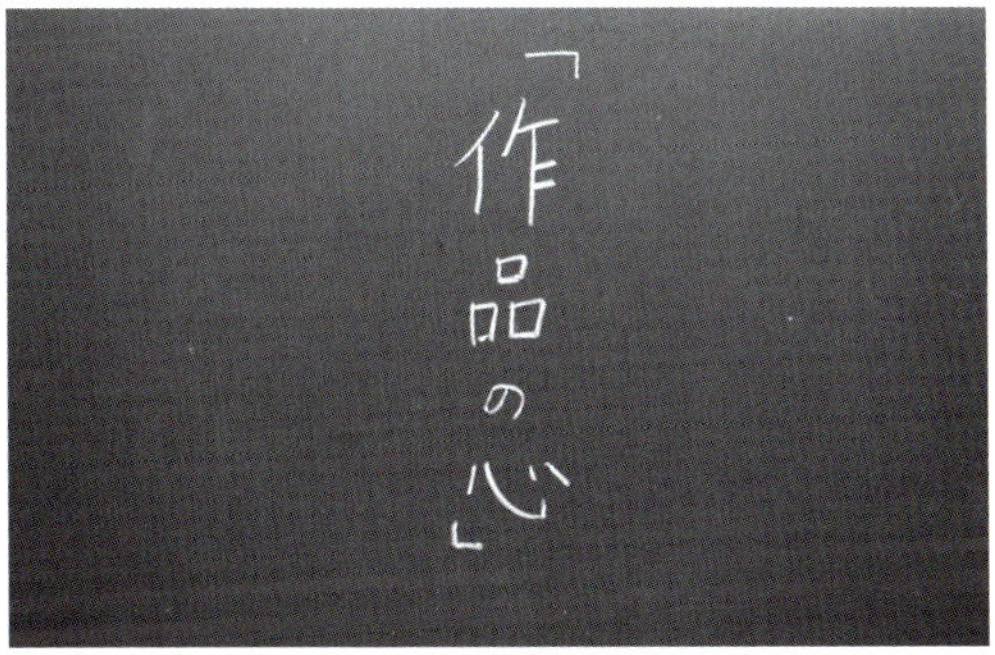

ひとりの読者に、何かを強く語りかけてきます。それを「作品の心」といいます。自分の想像世界をつくり、「作品の心」をしっかりと受け取ること。それが物語を読むいちばんの目的です。

「作品の心」とは、私の国語教室のオリジナル学習用語です。

その物語が、読者である自分に、最も強く語りかけてくること＝「作品の心」を自分の言葉で表現することができたとき、初めて物語が読めたというのです。

この「作品の心」は、一般的に「主題」と呼ばれるものと同様な意味をもちます。けれども、私の国語教室では「主題」という言葉を使いません。それは、「主題」の定義を「作者が作品を通して最も伝えたいこと」とする主題論が、いまだに強いからです。

確かに多くの作品には作者の意図が込められています。作者自身の人生観、理想、思想を言葉にして表現したものが文学作品だといっていいでしょう。

けれども、読者は「言葉」を通してのみ、作品と対面します。言葉で描かれた世界を自分の力で解釈し、イメージし、自分なりの作品の想像世界を新たに創造します。

そして、その過程で文学的感動体験とともに作品から「何か」を受け取ります。その「何か」とは、その読者のそれまでの人生に密接に関連する、読者一人ひとりに固有なものであるはずです。その「何か」こそが「主題」であるのです。

「作者側に主題があるのではなくて、読者側に主題がある」という主題論にもとづく私の国語教室では「作品が読者である自分に最も強く語りかけてきたこと」と定義して、「作品の心」という用語を使います。

読者論の浸透により、この「主題は読者の側にある」とする主題論が教育現場に受け入れられ始めています。しかし「主題」というと、作者の意図するものを表す、作者の側の

主題論が根強いのも事実です。いまだに二つの主題論があるため、混同を避けるねらいもあって、私はあえて「主題」とは言わず、「作品の心」としているのです。

Check

私の国語教室では主題について次のように教えている。

三・四年生段階では【感想】

●文章を読んで、強く思ったり、感じたりしたこと。

五・六年生段階では【作品の心（主題）】

●「作品の心」＝物語が自分に最も強く語りかけてきたこと。

○物語の構成やあらすじ・中心人物の変容・題名の意味などを検討。

文章には書き手がいます。書き手が文章に込めているものがあります。文章を書くには、書くなりに伝えたいものがある。それは人生観だとか思想とか認識とか、どう生きるべきかとか、人生ってなんだろうとか、人の醜さとか……。あるいは、人として生きることのすばらしさとか、さまざまなものを込めようとする。文章を書くってそういうことでしょう？

自分のために書く日記などは、人に思いを伝えたいために書いているのではないかもしれない。でも、我々が子どもたちとともに、文章を読むという学習をするにあたって教材に使うのは、書き手がその文章に何かを伝えたいと思って、込めているもの、用語で言うと説明文では「要旨」、物語では「作品の心」を受け取ることであるということを、しっかりおさえてほしいのです。

これだけはおさえよう！

作者が物語に込めた価値観、生き方、人生観といったものから、
読み手の側が何を強く受け取ったかが物語を読むゴールになる。

その物語が、読者である自分に、最も強く語りかけてくること
＝「作品の心」を自分の言葉で表現することができたとき、
初めて物語が読めたという。

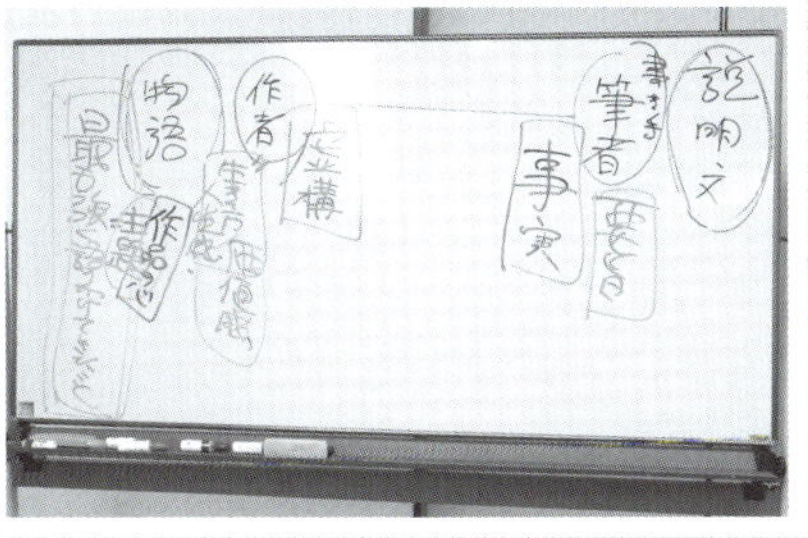

これも教えて！

「詩」は文学ですか？「伝記」は説明文ですか？
そもそも伝記ってフィクション？ノンフィクション？
なんだかもやもやします。

詩は文学か説明文か？

詩は二種類あると考えるといいですね。

我々が「読む」ほうの詩、つまり詩人がつくった詩。これは文学であり、虚構です。ところがもう一つのジャンルの詩として、「事実の詩」がある。仲間が「ある生活場面を切りとって、心が強く動いたことを詩にする」これは事実にもとづいた詩。私はこれを「生活詩」とおさえ、教えています。

詩人のつくった詩は、文学としての虚構。詩人のつくった詩、例えば、金子みすゞが体験したこと、思ったことを書いたのが『ふしぎ』ではないし、『わたしと小鳥とすずと』ではないということです。つまり、みすゞが「わたしはふしぎでたまらない」というときの「わたし」は金子みすゞではないわけです。

一方で、生活作文の延長で、生活詩をつくる活動があります。この場合「わたしはうれしかった」と書いたときの「わたし」は作者。「跳び箱が跳べて、わたしは飛び上がった」の「わたし」はイコール作者です。

ここを区別しないといけない。

ところが、詩の授業で、「わたしはふしぎでたまらない」を取り上げ、「みすゞさんは何が不思議だったんでしょう」とやってしまうんですね。

文学としての詩と事実の詩を一緒にしないほうがいい。ここを意識させなさい。

生活詩というジャンルでおさえたほうがいいと思っています。ジャンル分けを明確にするまではしなくとも、文学としての詩と事実の詩を分けてとらえたほうがいい。

生活作文のように、作文は基本的に事実です。事実にもとづいたお話が生活作文。ところが、学習指導要領であえて虚構の物語づくりを始めていますね？

ですから、子どもたちには「虚構の出来事を綴ったものが物語だよ。事実にもとづいたものが作文だよ」という言い方をするとわかりやすい。

同様に、詩も詩人のつくった虚構の詩と事実にもとづく生活詩を分けて認識させ、文学としての詩では話者と作者がイコールではないということを教えないといけないのです。

伝記は説明文？　それとも物語？

伝記は物語でしょう？という人もいれば、説明文じゃないの？という人もいるでしょう。伝記は位置づけが微妙です。

すでにお話したように、説明文の読みのゴールは、要旨を受け取ること。説明文は事実にもとづいているから、事実にもとづいた筆者の主張とか、事実そのものを受け取るとか、書かれていることの要旨を受け取ることが説明文の読みのゴールです。

一方、物語の読みのゴールはというと、正解として何かを受け取るのではなく、その物語から「あなたが何を感じたか」「あなたが何を受け取ったか」が読みのゴール。言いかえれば、「『作品の心』を自分のことばで受け取ること」が読みのゴールであり、読み取ることは多様でいいわけです。

では、伝記は何をゴールにしているのか？　実際の授業では、年表をつくり、感じたことを感想文にまとめたりしますね。伝記って何だろう、と考えないと、読みのゴールが決まらない。だから、何の授業をしていいかわからない、というのが伝記です。

ところで、物語と説明文の根本の違いは、虚構（フィクション）か、事実（ノンフィクション）か、ということ。物語はフィクション、虚構ですね。伝記は事実、ノンフィクション。物語ではない。そうすると、伝記の本質は事実だから、説明的文章のジャンルに入れざるを得ない私たちがいる。

でも、なんだか伝記を説明文と言われると違和感を覚える私がいる。

結論から言うと、伝記は、ジャンルとしては説明文のほうに入れるべきだと、私は思います。つまり、虚構じゃないから。事実にもとづいた文章だからです。

しかし、描いているのが人の生き方。そして、問題は、その描き方にあります。

描き方で、説明文と物語では何が根本的に違うかというと、描写が違う。説明文は事実が伝わるように、ありのままに書かれるものであって、心情描写はない。一方、物語は思いが伝わるように描かれる。もちろん心情描写も行動描写もあります。

では伝記はどうか、というと、心情描写もありなんですね。伝記は思いが伝わるような描き方をする。本来、説明文は説明だから、心情描写はない。ところが伝記は、あくまでも事実なんだけれども、心情や行動を描写する。場面の様子さえも描くわけです。

だから、伝記は「文学的表現を駆使した説明的文章」というくくりになる。

伝記は、書き手（作者・筆者）が、例えば手塚治虫の人生や生き方から学び、書き手が伝えたいことを精いっぱいの文学的表現を駆使して著した説明的文章と位置づけられる。とすれば、伝記の読みのゴール、読者が受け取るべきは、「書き手が手塚治虫の人生から学び、感じたこと、受け取ったもの」になります。

そもそも、書き手の受け取ったものこそが伝記です。どんなに書いても、手塚治虫の人生が一つの作品に全て収まりきるはずがない。どうしても、エピソードを抜き出す。言いかえれば、書き手が切りとった部分しか見えないことになる。つまり、書き手が、手塚治虫を「情熱の人」と

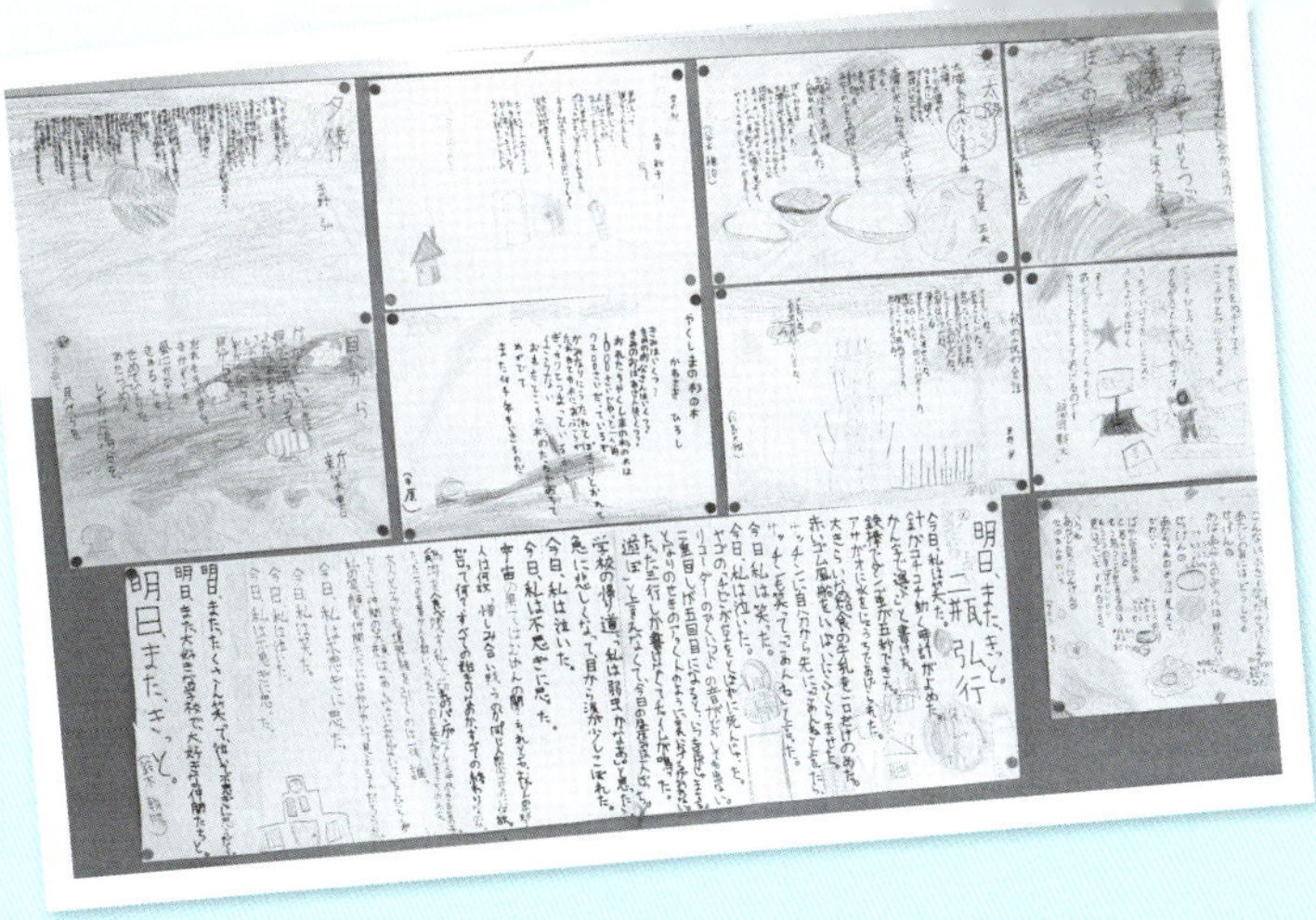

文学としての詩と、事実にもとづく詩がある。伝記の位置づけを意識すると学習活動が見えてくる。

して受け止め、感銘を受け、その人生を紹介したいとしたら、情熱の人にふさわしいエピソードを抜き出すことになります。いくつかの点であるエピソードを、うまく構成してつなぎ合わせ、巧みな表現を施したのが伝記なのですから。

とすると、どんなエピソードを取り出すかによって、まるっきり人物像が変わってきます。抜き出すエピソードの取り出し方、描き方で人物像がガラリと変わるのです。書き手によって同一人物が「情熱の人」にもなるし、「寡黙の人」になるかもしれないということです。

だから、書かれていることは事実だけれど、書き手が「手塚治虫の人生から何を受け取り、何を伝えたいのだろう」と、読者が受け取ることが、「伝記を読む」ということになります。

伝記を学習材にする場合は、書き手は手塚治虫の人生から何を学んだんだろう。作者（筆者）は学んだことを表現したいために、こうしたエピソードを並べ、紹介しているんだな、という読み方をさせないといけない。すなわちこれが読解になります。

「○○の人　手塚治虫」といったポスターづくりをするのは、何を受け取ることができたか、を表現しようということにほかなりません。

すると、ほかの人が書いた同じ人物の伝記を読んでみるのがおもしろくなるんですね。なるほど、こんなエピソードがあったのか、と学びが深くなる。書き手が「何を受け取ったか」、「何を学ぼうとしたか」によって描かれる人物像が大きく変わりますからね。

よろしいでしょうか！

伝記は物語と説明文の中間なんだけれど、微妙。それを意識した途端に学習活動が変わるということを覚えておいてください。

Q-3

物語の「場面」をどう教えるの？

物語は「場面」が大事だということはわかりました。
でも、どうやって教えればいいかわかりません。
そもそも「場面」ってなんでしょうか？

「場面」ってなんですか？

物語の「場面」について、『おおきなかぶ』を学習材としてお話しましょう。『おおきなかぶ』は一年生教材です。一年生では「お話」といいますが、物語です。

おおきな　かぶ

うちだ　りさこ　やく

①おじいさんが、かぶのたねをまきました。
「あまい　あまいかぶになれ。
おおきな　おおきなかぶになれ。」

②あまい、げんきのよい、とてつもなくおおきいかぶができました。
おじいさんは、かぶをぬこうとしました。

「うんとこしょ、どっこいしょ。」

ところが、かぶはぬけません。

③おじいさんは、おばあさんをよんできました。
おばあさんがおじいさんをひっぱって、おじいさんがかぶをひっぱって、

「うんとこしょ、どっこいしょ。」

それでも、かぶはぬけません。

④おばあさんは、まごをよんできました。
まごがおばあさんをひっぱって、おばあさんがおじいさんをひっぱって、おじいさんがかぶをひっぱって、

「うんとこしょ、どっこいしょ。」

まだまだ、かぶはぬけません。

⑤まごは、いぬをよんできました。
いぬがまごをひっぱって、まごがおばあさんをひっぱって、おばあさんがおじいさんをひっぱって、おじいさんがかぶをひっぱって、

「うんとこしょ、どっこいしょ。」

まだまだ、まだまだ、ぬけません。

⑥いぬは、ねこをよんできました。
ねこがいぬをひっぱって、いぬがまごをひっぱって、まごがおばあさんをひっぱって、おばあさんがおじいさんをひっぱって、おじいさんがかぶをひっぱって、

「うんとこしょ、どっこいしょ。」

それでも、かぶはぬけません。

⑦ねこは、ねずみをよんできました。
ねずみがねこをひっぱって、ねこがいぬをひっぱって、いぬがまごをひっぱって、まごがおばあさんをひっぱって、おばあさんがおじいさんをひっぱって、おじいさんがかぶをひっぱって、

「うんとこしょ、どっこいしょ。」

やっと、かぶはぬけました。


東京書籍『あたらしいこくご』平成二十三年度　一年上

物語で大切にしなければならないのは「場面」。物語は場面からできているんだよ、ということを一年生から教えていきます。

君たちが読む「お話」も、六年生が読む長い「お話」も、どんな「お話」も、みんな、「場面」が集まってできています。

この「場面」とは、紙芝居の絵を思い浮かべるとわかりやすいです。

紙芝居の絵は、「お話」の場面が変わると新しい絵になります。物語を読んでいると、ある文から突然一年後に飛んだりします。「次の日になると」や「翌年の春」などのように時間が大きく変わると、絵も新しくなります。

また、いままで山にいたのに、なぜかここから海にいる。「あ、ここで絵が変わったぞ」というように、「場」が大きく変わったら、ここで場面が変わるのだなと考えます。さらに、新しい人物が出てくるときも新しい絵が必要です。

このように「いつ」「どこ」「だれ」がもとになって紙芝居の一枚一枚の絵ができています。「お話」の「場面」とは、ちょうどこの紙芝居の一枚の絵と同じようなものです。

だから、もし、その「お話」の紙芝居を考えるとしたら、いったい何枚の絵が必要かな、と考えることは、その「お話」は「いくつの場面からできているかな」と考えることと同じことなります。

どうやって場面意識をもたせるの？

物語は、まず始まりがあって、ずっと読んでいくと、最後におしまいになる。ものすごく簡単に言うと、始まりがあって、おわりがあるのが物語です。

そして、場面というのは、お話をつくっている小さなまとまりだと教えます。

お話をつくっている小さなまとまりを「場面」といいます。どんな物語にも場面はあるんだよ。

一つ目の場面、二つ目の場面、三つ目、四つ目、…と数えていって「この物語は七つの場面からできている」ととらえる。一年生のときから場面意識をもたせることが大切です。

では、場面をどうやってとらえればいいのか？　ただなんとなく読んでいっても、場面をとらえることはできません。

子どもたちには、読んでいて大事にしなければいけないことが三つあるよ、と教えます。

①時に関わる言葉
②場所に関わる言葉
③人物

低学年でいえば、いつ・どこ・だれになります。

『おおきなかぶ』を読みました。『おおきなかぶ』は、いくつかの場面からできています。先生がね、このお話の場面は七つというふうに分けちゃった。ねえ、みんな。どうして七つの場面って二瓶ちゃんは分けちゃったのかな？　大事にしている言葉があって、それで七つの場面に分けたんだもんな？　みんなでちょっとワイワイやってみよう。

「場面を考えるときに大切にしなければならないことがあったね？」と言って、「時・場・人物」、低学年の場合は「いつ・どこ・だれ」の三つを物差しに限定します。ここが大切。

物差しを三つに限定しないと、子どもたちはいろいろな観点で、さまざまなことを言いだして収拾がつかなくなってしまいます。物語は何枚かの絵からできている、絵が変わると場面が変わると考えなさい、これが基本になります。

『おおきなかぶ』の場面を考えてみよう。頭の中に絵をつくるんだぞ。いいかい？　文章を読んで、頭の中に絵をつくるとさ、時が変わると絵が変わる。春になったり、夏になったり、日が暮れたり、朝になったり、十年後になったり…。つまり、時を大事にすると絵が変わる。

もう一つ大事なのは場所。場所が変わると絵が変わる。と考えてみると、『おおきなかぶ』では、場所は変わらないね？

「はたけ！」

そうだね、はたけだ。おんなじはたけだ。

時を表す言葉は？

「ないよ」

そうだね。時を表す言葉は見当たらないね。

じゃあ、なんで場面を分けているかというと、人物だ。人物がどんどん変わっているから、人物の物差しで場面を分けて行こう。

どの物差しで場面を分けるかを考えよう、と促して、低学年から三つの物差しで考えていくことを徹底します。

①おじいさんが、かぶのたねをまきました。
「あまい　あまいかぶになれ。
おおきな　おおきなかぶになれ。」

人物は？

「おじいさん」

そうだね。おじいさん、一人だ。場所はかぶのたねを植えた「はたけ」だな。

お、場面を変えているね。どうして変えたのかな？

②あまい、げんきのよい、とてつもなくおおきいかぶができました。
おじいさんは、かぶをぬこうとしました。

「うんとこしょ、どっこいしょ。」

ところが、かぶはぬけません。


「あれ？　人物はおじいさんだよ。変わってないよ？」

では変わったのは何か？　場所も「はたけ」だ。すると、変わっているのはかぶだ。かぶが変わっている。すると、物差しで言うとどれだ？

「とき！」

そう、「時」だね。そうすると、書いてないけど、たくさんの時間が①から②の間にある。どうしてわかるかというと、たねが「とてつもなくおおきいかぶ」になっているから。

かぶが大きくなったから場面を変えた、ではないんだよ。三つの物差しのうち、どれを使って場面分けするかを考えないといけないからね。

繰り返しますが、物差しは三つだけです。

かぶが大きくなったから場面を変えた、と言ってしまっては、ほかの物語に応用・転化することはできません。活用することができない。だから、物差しは必ず「時・場・人物」、この三つに限定します。

すると、この三つの物差しで言えば「時」になります。たねが大きなかぶにまで育つには相当な時間がかかる。時は流れるということをイメージさせます。

二瓶ちゃんね、農家の方に聞いてみたの。そうしたらね、かぶはたねを植えてから収穫するまでに、小かぶでも五十日はかかるんだって。中くらいの大きさものだと六十日から九十日もかかるんだって。

どれくらいかかるかということは、教材研究レベルで知っておいたほうがいいですね。おじいさんが抜こうとしても、抜けないくらいの「とてつもなくおおきなかぶ」に育つまでには当然九十日以上はかかっているよね。ただ、あくまで虚構の世界のありえないかぶ。三カ月以上のときが流れている、ということから「時」で場面が変わったことをおさえます。

さらに、③から④、④から⑤、⑤から⑥、⑥から⑦は全て人物が変わるということで、場面分けを確認します。

物差しは三つだけ。ほかの物差しを使いだすと収拾がつかなくなる。
ほかの物語に応用、活用するためにも、
物差しは必ず「時・場・人物」、この三つに限定する。

一年生の段階では「場面」を教え、物差しは三つあるということを教えるのが主眼。実際の場面分けを子どもにやらせるまではしない。

『おおきなかぶ』を使って「物語は場面からできている」ということを教えるのが目的であり、「このお話はいくつの場面からできているのでしょう？」という直接の問いかけはしません。

一年生の段階では「場面」を教え、物差しは三つあるということを教えるのであって、実際の場面分けを子どもにやらせるまではしません。それはちょっと背伸びし過ぎです。六年間かけて段階的に教えていったほうが力になります。

まず一年生段階では教科書から入って、音読練習をする。子どもの頭の中で「こんな物語だな」というイメージができたところで、「この物語は七つの場面でできているよ」と言って、七つの場面に分けたものを示せばいい。そして、何が大事な物差しなのかを考えさせるのです。

Check

私の国語教室では、一・二年生段階から次のように教えている。

【いくつの「場面」からできている?】

●「場面」＝物語をつくる、小さなまとまり

○時（いつ）・場（どこ）・人物（だれ）の三観点から場面を分ける。

＊紙芝居にすると、何枚の絵が必要?

【いちばん大切な場面は、どの場面?】

○あることが大きくガラリと変わる場面

これだけはおさえよう！

場面分けの物差しは三つに限定する。

いつ（時）

どこ（場）

だれ（人物）

物差しを限定しないと収拾がつかなくなる。

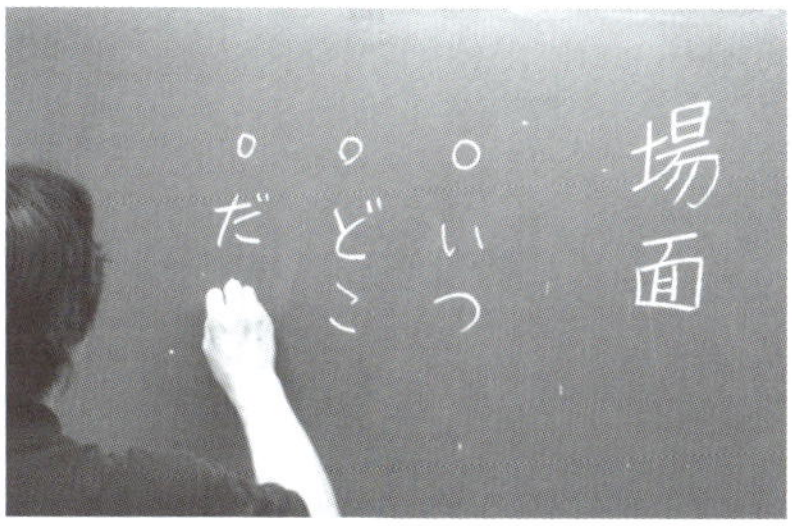

Q-4

「場面分け」はいつさせるの？

物語の学習ではいつでも場面分けをさせるべきですか？
そもそも、子どもに「場面分け」させるには時間が足りません。

一日講座シリーズ２『物語授業づくり一日講座』（P10〜27）

場面分けはいつでも必要？

一年生の『おおきなかぶ』では、場面分けの三つの物差しを教えることを目的として、場面を示して考えさせました。では実際の場面分けをいつやらせるか？

子どもに場面分けをさせるのは、時間もかかり、大変ですが、小学校六学年のどこかの段階で一度は経験させておくことが必要です。

「時・場・人物」で場面を分ける学習は、「場面はいくつ？と聞かれたら『いつ』『どこ』『だれ』を手がかりに考えるんだよ。紙芝居の絵を思い出してごらん」と教えれば、低学年から成立します。基本となる物差しは必ず「時・場・人物」この三つです。適当に分けてはいけない。しっかりと自分で言葉を読み、流れをつかんだうえで、いくつの場面で分けられるか考える子どもを育てなければいけないのです。場面を意識すれば、どんなお話だったかを人に言える、つまり作品を再構成できるようになります。

私は二年生の『かさこじぞう』を学習材に、全文を学習させ、「いくつの場面でできているだろう」と子どもたちに考えさせます。私の国語教室では、たとえ高学年であっても、物語の学習は『かさこじぞう』を扱うことが多い。基本的な物語構造を指導するには最適な教材だからです（『かさこじぞう』をつかった場面分けは、一日講座シリーズ２『物語授業づくり一日講座』（文溪堂刊）に詳しい）。

子どもたち、とくに二年生、三年生に場面分けをさせると、時間もかかります。でも、たとえ時間がかかるとしても、一度は、場面はいくつかな？十かな、七かな、四かな、…と検討することが必要です。ああでもない、こうでもないと、収拾がつかなくなりながらも一回は全文検討をして、子どもたち自身に場面分けを経験させておかなければいけないのです。

どこかで場面分けをしておかないと、六年生になっても「場面って何?」という子がいます。ですから「どうやって場面分けするのかな」は、どこかできちっと教えておかなければならないのです。

ただ、一度は「いくつの場面でできているかな?」という発問をし、全員で検討しますが、その後、例えば『ごんぎつね』を四年生で学習する際、全文を読んで、「さあ、『ごんぎつね』の場面はいくつだろう」という発問は慎重にしないといけません。

さらに言えば、私は『ごんぎつね』では「場面はいくつ?」という発問をしません。

ごんぎつね

新美　南吉

▲全文一枚プリントの例

なぜなら『ごんぎつね』という長い文章を読んで、場面はいくつかという検討は、きわめて時間のかかる、大変な活動だからです。私の場合、『ごんぎつね』では、あえて「場面はいくつ?」と問うことはせず、すでに場面分けの番号を入れ、全文を一枚プリントにしたものを配ります。

ちなみに、私は物語の構成を子どもたちと検討するときには、右ページのように物語の全文を一枚の紙に収めた「全文一枚プリント」を必ず子どもたちに渡します。もちろん説明文のときにも渡します。教科書だと挿絵も入っていますから、長い物語だと十数ページにもなってしまいます。これでは、物語全体を見通すことができません。「この一文とこの一文は対応しているな」と子どものほうから発見させるなんてことは到底無理です。

子どもたちに読みの力をつけたいと思うのであれば、先生方も労を惜しまずパソコンで全文を打ってください。

一文字一文字入力していくと、目で追って読んでいるだけでは気づかなかったことが見えてきます。「おや、この言い回しが繰り返されているな」「ここは『が』ではなく『は』になっているぞ」「改行されているけれど副助詞の『も』が使われているから…」といったように、細かなことにも目がいく。このような気づきは、作品の全体構造を読み解くうえでとても大事なことです。

どうすれば効果的な学習になりますか?

場面分けはきわめて重要な学習ですが、いつでもどこでも場面分けを検討させなければいけない、という発想はやめたほうがいい。だったら、場面分けしたものを与えて、どうしてこうなるか、を考えさせたほうがいいと思います。

一日講座シリーズ2『物語授業づくり一日講座』（P96～107）

先ほども話しましたが、私の場合、高学年になったら、全て場面分けを施した全文一枚プリントを配っています。

例えば『ごんぎつね』では「場面はいくつ？」と問うのではなく、場面分けしたプリントを渡し、八場面だということを示したうえで、子どもたちに「どうして二瓶ちゃんは八場面にしたのかな？」と投げかけるのです。

試行錯誤しながら場面分けを検討する活動が、どこかで一度しっかりと行われていれば、その次には「どうして八場面なんだろう」と焦点化して考えさせればいいということです。「なんで八場面なんだろう」と問われれば、そこで「物差しは何だろう」と考えながら、改めて読まないといけなくなる。つまり、活動が焦点化されるのです。

ただし、子どもたち自らが場面分けを自力で検討する段階が、小学校六年間のどこかの時期で保障されていることが前提ですよ。そうでなければ、なんで八場面になるのか、ということがすごく浅くなります。一回試行錯誤しながら場面分けをする学習が、どこかで組み込まれているからこそ意味がある。一度、ある程度時数覚悟で指導しておけば、新しい教材に出合うとき、例えば『ごんぎつね』であれば、「なんで八場面なんだろう」という焦点化した発問でいいのです（『ごんぎつね』をつかった場面分けは、一日講座シリーズ2『物語授業づくり一日講座』（文溪堂刊）に詳しい）。

場面をとらえるって、何のために必要なの？

場面をとらえることが何のために必要か？

子どもが頭の中で物語を大きくとらえるために、場面分けはきわめて有効な学習です。出来事の流れを大きくつかむために非常に大切。なぜなら場面を見ることで、出来事の大

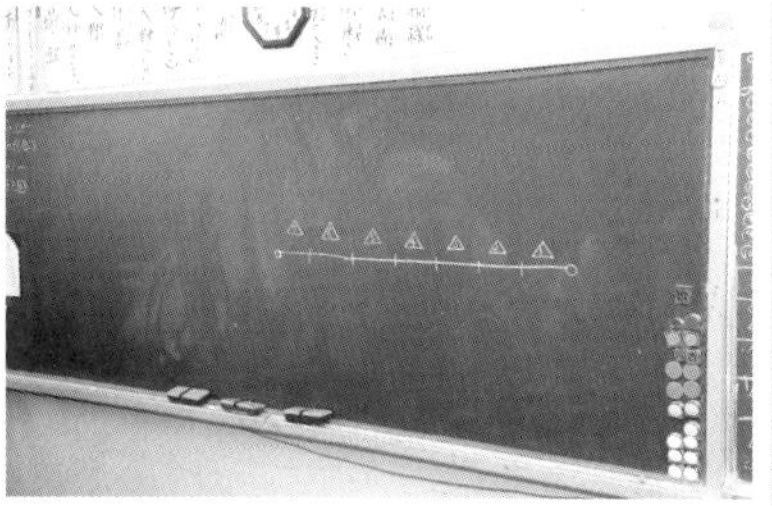

きな流れが見えてくるから。

『おおきなかぶ』でも、「時・場・人物」に着目していくと、最初は時が関わるけれど、あとの場面は人物の変化でおさえることができます。人増えた、もう一人増えた、という、流れが必要だということになります。

一年生のときから、「時・場・人物」を大事にして、場面をとらえるように意識させる。そのうえで、二年生、三年生と段階をかけて教えていく。できれば二・三年のどこかで、子どもたち自身に場面分けを体験させておくといい。

ところが実際は、場面意識や場面分けの体験をさせずに、なんとなく読んで終わっていることが多いようです。四年生の『ごんぎつね』でも、いつ・どこ・だれ、つまり、「時・場・人物」をもとにして場面検討させずに済ませている。

『ごんぎつね』は長いから、まず読んで、初発の感想をまとめたりする。単元計画の第一次段階で、通読の後、初発の感想を書いてちょっと交流させて、「では、簡単なあらすじを書いてみよう」と、よくやりますね。詳細な読解に入る前に、物語の大体をとらえる点ではいいのですが、それで、わかったような気になる。「なんとなくこんな物語だな」というとらえ方ではだめです。

いったいこの物語は何場面の物語なのか、こんな場面がこんなふうに展開して一つの物語をつくっているんだな、と子どもが頭の中に再構成できるようにしなければならない。

さらに、『ごんぎつね』は、教科書掲載の原文に一、二、三、四、五、六と番号が振ってあるから、それで済ませてしまう。六つに分かれているから、「場面分けはもういいや」ということになることも多いようです。

しかし、ここで「場面は六つだよね」とやってしまうと、場面をきちんとつかむことなく「ごん」の世界に入っていかないといけなくなる。

初発の感想は必要ないの？

いいえ、初発の感想は必要です。

例えば『ごんぎつね』に初めて出合う十歳の子どもたち。四年生の子どもは通読したときにさまざまな思いをもつと思います。この初発の感想は大事にしないといけません。多くの先生方も、一回通読させたあと、感想を書かせ、話し合わせるところから単元をスタートさせていますね。初発の感想をもつこと自体は必要です。ですが、「思ったことはなんでも、自由にたくさん書いてごらん」といって時間をたっぷりかける、というのはだめだと言っているのです。

初発の感想であっても、やはり「作品の心」につながるものでなければならない。初発の感想として子どもたちに投げかけるのは「いま『ごんぎつね』を読んでみて、最も強く自分に語りかけてきたことは何かな？　自分の言葉で短くまとめてみよう」です。

物語を読む究極の目標は、一回通読して「『作品の心』はこうだ」と自分で把握し、自分なりの受け取りをクラス全員で話し合える力をつけること。自分の「作品の心」を友達に話したい、友達の考えも聞きたい、そうしたら、自分の考えがもっと深まるかもしれない、と考える子を六年間かけて育てていくことです。だから、四年の『ごんぎつね』の学習でさえも、この最終目標の子どもの姿を見すえて、読みの授業を展開しなければいけないのです。

四年生だったら、初発の感想は「ごんが撃たれて、とても悲しくて涙が出そうになった」「最後にうなずいたごんに『よかったね、ごん』って言いたいと思った」「兵十はつらいだろうなあ、と思った」…でいいんです。そして「そうか、なるほど。でも、いまの読みはたった一回の読みだ。これからもっとしっかり読んで、『作品の心』を確かに受け取ろう」

と子どもたちをいざない、十数時間かけて学び合ったあと、もう一回感想を書かせます。

十数時間かけて読み直した証しが単元末の感想に表れることは明らかです。この変容を、詳しく読んだ成果として、子ども自身にも実感させたい。

だからこそ、初発の感想は大切です。子ども自身が自分の変容を確かめるために、無くてはならないと思います。

教科書の「一」「二」はどう解釈すればいいの？

子どもの頭の中に『ごんぎつね』はどんなお話かという物語の流れが一切ないのに、意味調べをしたあとすぐに一場面、二場面と区切って詳細な読みを始めてしまったら、十歳の頭の中はもうグシャグシャです。授業で扱うその場面だけ、課題を出されたから精いっぱい読んでいる。こんな学習をやってはいけません。一部の勘のいい子だけしか発言しないのも、こういった授業のしかたに原因があるように思います。

私は、教科書にある六つのまとまりは場面ではない、とおさえて、改めて場面分けを提示します。教科書にある「一」「二」を一章、二章というようにとらえて、「『ごんぎつね』は六章の物語だね。でも、君たちが物語を読むときに大事にしてきた『場面』では、また別に考えてみないといけないね」という流し方をすると、子どもたちの理解が進みます。

「一章、二章というまとまりを大切にしながら、『時』を意識して場面を考えてみよう」と投げかけてみる。その際、子どもに場面分けをさせるのではなく、「一瓶ちゃんは八つの場面に分けたよ」と提示して考えさせるのです。すると、一章が場面①・②、二章が③、三章が④～⑥、四章・五章が⑦が、六章が⑧となることに納得がいく。

各章はいくつかの場面が集まってきています。ただ、場面⑦は、教科書原文では「四」「五」

一日講座シリーズ2『物語授業づくり一日講座』（P74～83）

と二つに分かれていますが、「時・場・人物」の考えでいくと、一緒にしたほうがいいと思っています。どちらも「月のいいばん」だからです。私の考えでは、「時」の目盛りを細かく分けたとしても、ちょっと苦しい。なぜ「四」「五」になっているか、子どもに説明するのが難しいのです。「月のいいばん」の「行きと帰りだ」と言うしかないですからね。

ちなみに、新美南吉の書いた草稿は教科書の『ごんぎつね』とは、かなり違っています。草稿『権狐』では「四」「五」に分かれていません。一つの場面「四」になっています。「四」「五」と分けたのは、南吉が投稿した『赤い鳥』の編集者・鈴木三重吉です。三重吉がかなり手を入れて、いまの形になっている。その意図はやはり「行きと帰り」でしょう。

ただ、私にとっては、草稿の方が指導しやすい。私の場面分けの解釈からすると、「月のいいばん」は一緒のほうがよいと思います。

場面分けの学習を次に生かすには?

『大造じいさんとがん』にも『ごんぎつね』と同じように番号がついているから危険です。安易に「『大造じいさんとがん』は四つに分かれているね。明日から一をやろう」という授業をしていないでしょうか。大事な学習を保障していないで、詳細な読みに入っていくのはやめたほうがいい。

膨大な時間を割いて、場面分けをさせる必要はありませんが、八場面を提示し、「なんで八場面か考えてみよう。」と投げかけて、場面分けの意図を考えさせます（『大造じいさんとがん』の場面分けは、一日講座シリーズ2『物語授業づくり一日講座』（文溪堂刊）に詳しい）。

これだけはおさえよう!

いつでもどこでも場面分けを検討させなければいけない、
という発想はやめよう。
場面分けしたものを与えて、どうしてこうなるか、を
考えさせたほうがいい。

Q-5

物語の「人物」ってなんですか？

時、場はわかりますが、人物がしっくりきません。
動物も人物というんですか？
『おおきなかぶ』のいぬやねこ、ごんも残雪も
人物ですか？

物語ではなんでも人物というんですか？

辞書的な意味でいえば、あたりまえですが、「人物」は人間を指します。ところが、物語における人物とは、人とは限らない。いぬやねこ、雲や木さえも「人物」として扱います。物語における人物は、人間や、人と同じように考えたり行動したりする動物やものを人物という。そうすると『大きなかぶ』の人物は、おじいさん、おばあさん、まごだけではありませんね。いぬ、ねこ、ねずみも人物として扱います。

「人物」の定義

人間、または人間のように話したり考えたりする動物やもの。

物語に出てくる動物も「登場人物」に入れるの。だってね、物語の中で、いぬやねこやねずみは、「うんとこしょ、どっこいしょ」と言うでしょ。いっしょにかぶをひっぱるでしょ？ねこは、ふつうひっぱらないでしょ？　でも、変だと思っちゃいけないんだよ。お話の中に出てくる動物たちも、人間と同じようにお話ししたり、動いたりするでしょう？　だから、登場人物の中に入れないといけないんだよ。

というように教えます。物語に出てくるいろいろなものが、人間のように話したり動いたりしたら、登場人物の中に入れるということを教えておきます。人物をおさえることは低学年のうちからやらないといけない。

『ごんぎつね』に出てくる主な人物といえば、ごん、兵十。それに加助もおさえないといけない。

もちろん、ごんはきつねだけど、人物。それも中心人物です。

「中心人物」の定義

物語全体を通して、気持ちやその変化がいちばん詳しく描かれる人物。

高学年になると、「ごんはきつねだから、人物っていうのはおかしい」と違和感をもちながら読む子どもも出てきます。変だと思いながら読むと、その先入観が邪魔をして物語に入り込めません。ですから、低学年のうちから、タヌキやキツネ、雲や木さえも、**あたりまえのように話したり行動したりするものが登場人物**だと教えることが必要です。

人物をおさえることがなぜ大事かといえば、それは「作品の心」に直結するからです。

例えば『ごんぎつね』のごんを「きつね」ととらえるのではなく、「人物」としてとらえることで、「作品の心」が変わってきます。つまり、ごんを人物ととらえることで、動物と人間の物語ではなくなるということです。『ごんぎつね』は、きつねという動物と人間の関わりを描いた物語ではないでしょう？

「人間・ごんぎつね」と「人間・兵十」の関わりを描いた物語だから。人間同士の関わりだからこそ、憎しみがあったり、そばに行きたい、わかってほしい、わかってもらえない寂しさとか、人と人とのすれ違いのせつなさとか、わかってもらえたときの喜びを、「作品の心」として受け取ることになる。ごんをしっかりと「人物」ととらえることで、「作品の心」が変わってきます。

動物はいつでも人物ですか？

『大造じいさんとがん』の人物（中心人物）は「大造じいさん」です。ところが、『ごんぎつね』で「ごん」を人物だと学んだ子どもたちは、「残雪」も登場人物だ、と考えます。

ここで「残雪」を人物ととらえるかどうかで、「作品の心」が変わってきます。大造じいさんは、「前ばなし」の中でもどういう人物かをおさえることができる。では、残雪を人物とおさえるかどうか。

残雪は人間のように考え、行動するか？ おとりのがんを助けるときの残雪の描き方で、残雪が人物のように見えないこともないけれど、基本的に残雪は「がんの頭領」＝「鳥」だというようにとらえないと、この物語は読めないと思います。

『大造じいさんとがん』は、あくまでも人間と動物との物語として読まないといけない。これが動物文学です。『シートン動物記』の「灰色熊」は熊であって、人間ではないでしょう？想いは描かれるけれど、あくまでも人間と動物との交流が描かれているととらえた方がいい。

残雪を人物とおさえるかどうかで、この物語の読みは大きく変わります。『大造じいさんとがん』では、動物は動物として描かれている。大造じいさんと残雪との関わりを追いながら、大造じいさんの変容を描く物語であって、心の交流はしていないととらえたほうが自然です。ここに人間同士の心の交流を読もうとすると無理がある。がんの頭領＝残雪に関わる大造じいさんの心の変容、動物の生きざまに人間としての生きざまを学び、大造じいさんが感動するという動物文学の読み方をするべきだと思います。

人物ってなんだろう、という問題はきわめて重要です。残雪がおとりのがんを助けようとする場面で、相手をにらみつける、あの部分が残雪の眼で描かれてしまうところが問題なんですね（視点については、Q8でお話しします）。「登場人物は？」という問いを安易にやると、余計にぶれてしまいますから、慎重にやる必要があります。

Check 私の国語教室では人物を学年段階に応じて次のように教えている。

1・2年生段階	【人物】●「人物」＝人間。または、人間のように話したり考えたりする動物やもの ＊出てくる人物は、だれ？（登場する順序） 【「人物」の気持ち】●「気持ち」＝人物が心の中で思ったことや、感じたこと、考えたこと。 【「人物」の様子】●人物のすることや話すこと、話し方や身振り、顔つきなどのこと。
3・4年生段階	【「中心人物」と「重要人物」】 ●「中心人物」＝物語全体で、気持ちやその変化がいちばん詳しく描かれる人物。 物語の中でとても大切な役割をする。 ○中心人物の気持ちが、どこで、どのように、どうして、大きく変わったか？ ●「重要人物」＝中心人物の変容に大きな影響を与える人物
5・6年生段階	【「人物」関係】 ○「中心人物」の変容（「山場」場面における最も大きな変容） ○「中心人物」と「重要人物」の関わり（人物関係図） ○場面の展開に応じた、「中心人物」と「重要人物」の関わりの変容 【「人物」像】 ○主な人物は、どんな人物か？ ＊行動・表情・会話に着目（心情・情景の描写） 【「人物」の心情】 ●人物が感じたり、思ったり、考えたりする心の状態。 ○直接的な表現とともに人物の行動や会話などを通してそれとなく表現される。 人物の心情は、ほかの人物やもの・こととの関わりの中で変わる。

登場人物以外の生き物はなんていうの？

『海のいのち』の登場人物を考えてみましょう。

太一、与吉じいさ、おとう、母、ここまではいいですね。ところが、子どもたちはこのあと「クエ」を人物に入れてしまうんです。巨大なクエは重要な役割を果たしているから、子どもたちが人物として位置づけたくなるものも無理はない。

ですから私は、クエをいったん人物として挙げさせ「でも、クエは人物じゃないね、人間のように考えたり行動したりしないから」と確認します。そのうえで、「人物ではない、登場するとても大切なもの」として再度おさえるようにしています。

巨大なクエは人物関係図から外せません。「人物ではないが、きわめて重要な関係から外せないもの」として巨大なクエも残雪もおさえないといけない、と考えます。

登場人物を挙げさせて、「でもこれは人物ではないよね？　だけど大切なもの、生き物としておさえる必要があるね」ということを確認させないといけない。花や木、魚が大切な役割をする物語もあるでしょう？

人物をとらえるということは「作品の心」と直結します。人物をおさえるということは、単なる設定をとらえているのではない、単に登場人物をおさえているのではない、ということを意識しないといけない。

登場人物や大切なものをおさえることが、大きな読みのポイントになるのです。

これだけはおさえよう!

人物ってなんだろう、という問題はきわめて重要。人物をとらえることは「作品の心」と直結する。

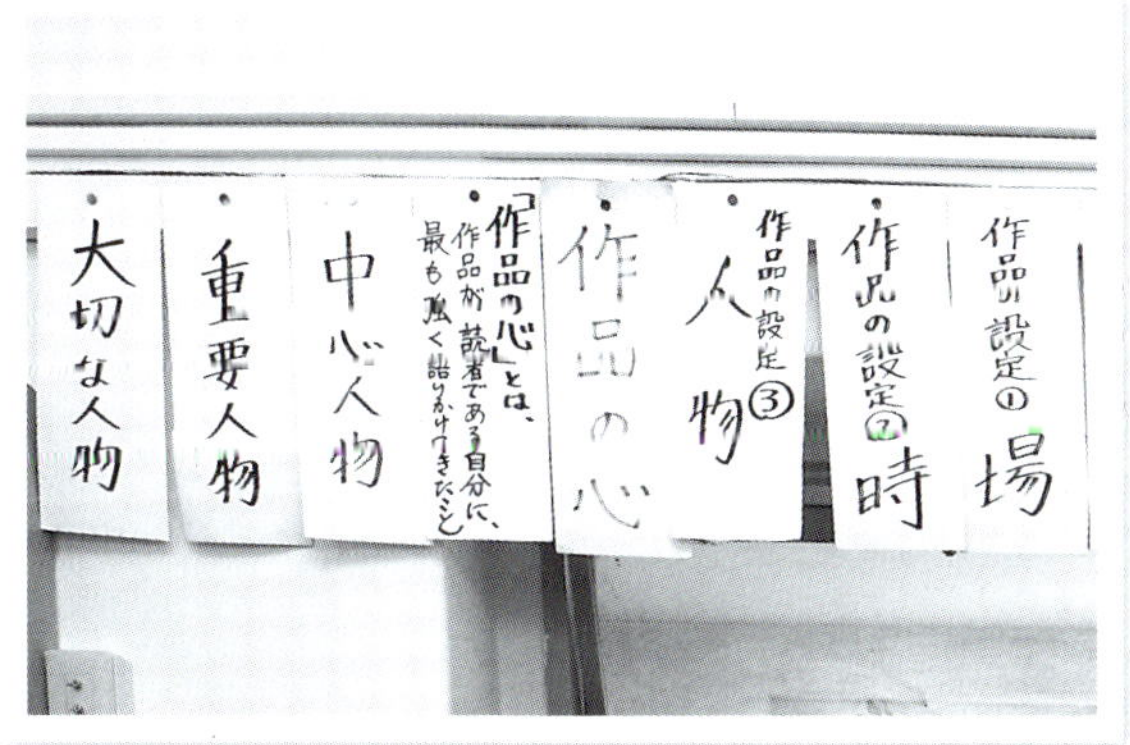

Q-6

物語の構成をどう教えるの？

物語の場面分けはわかりました。
でも場面分けのあと、物語の構成をどう教えればいいのですか？
そもそも物語の構成自体がよくわかりません。

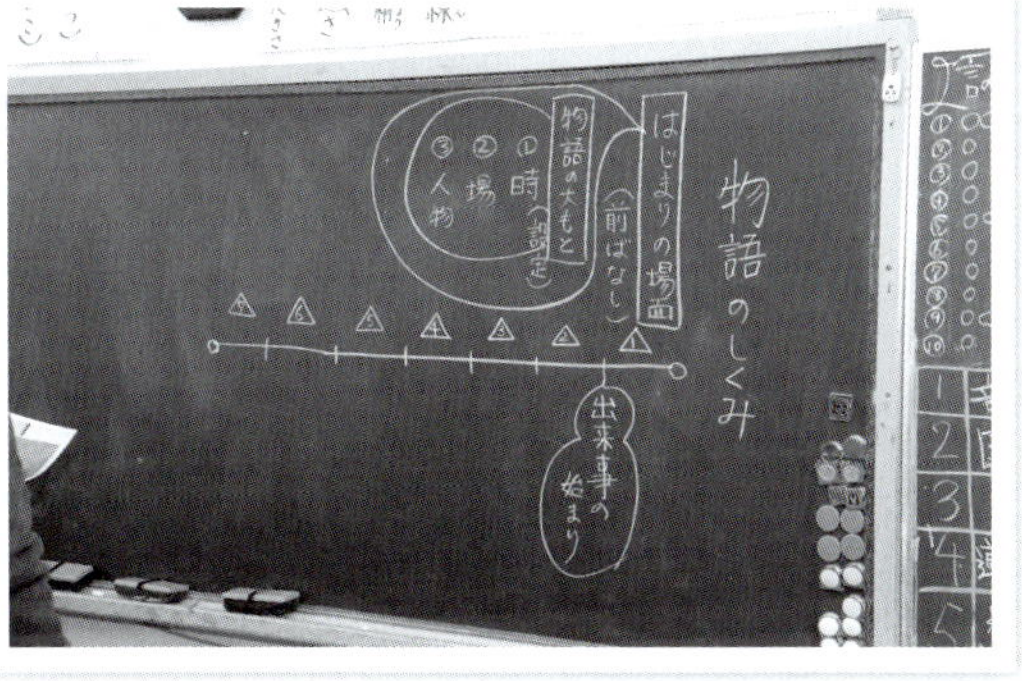

場面分けのあとは？

「時・場・人物」の三つの物差しで場面分けすることができました。

小さく分けた場面は、四つの大きな場面、基本四場面「はじまりの場面（前ばなし）・出来事の展開場面・クライマックス場面（山場）・おわりの場面（あとばなし）」でとらえ直します。

Q1 で説明文は三つにくくる、物語は四つの場面でくくるのが基本だとお話しました。小さな場面分けは低・中学年から始め、五年生になったら、四つの大きな場面＝基本四場面でとらえることを教えます。

「はじまりの場面（前ばなし）・出来事の展開場面・クライマックス場面（山場）・おわりの場面（あとばなし）」…物語はこの大きな四つの場面でできている。これが物語の典型的な全体構造です。起承転結だとか、「はじめ・中・おわり」の三つだとか、いろいろな分け方がありますが、私は基本四場面でとらえるべきだと思っています。

ただし、三・四年生で、いきなり「基本四場面でとらえよう」というのは背伸びし過ぎなので、その前にどうしてもやっておかなければならないのが、いままで見てきた小さな場面に分けることなのです。

五・六年生になったら、基本四場面に分け、物語が読めるようにするために、三・四年生段階ではまず小さな場面に分けるのです。そして、そのあとで「前ばなし」「あとばなし」「クライマックス場面」があることを教えます。

『物語授業づくり一日講座』では、『かさこじぞう』『ばらの谷』『大造じいさんとがん』『ごんぎつね』で小さな場面分け、基本四場面のとらえ直し方を紹介しています。ここでは、新しい教材で再度基本四場面のとらえ方をお話ししましょう。

世界でいちばんやかましい音

ベンジャミン・エルキン　文
松岡《まつおか》　享子《きょうこ》　訳《やく》

もう、ずいぶん昔のことです。

そのころ、世界でいちばんやかましい所は、ガヤガヤという都でした。そこでは、人々は、話すということをしませんでした。口を開けば、わめくか、どなるかしたからです。

人々は、自分たちの町のアヒルが、世界じゅうのどこのアヒルよりもやかましい声でクワックワッと鳴くこと、自分たちの町の家の戸が、世界じゅうのどこの家の戸より大きな音を立ててバタンバタンとしまること、自分たちの町のおまわりさんが、世界じゅうのどこのおまわりさんよりもけたたましい音でピーッと笛をふくことを、たいそう自まんしていました。

そして、この町の人々は、四、五人集まるとすぐ、こんな歌を歌いました。

とびらを　バタンと　けっとばせ
ゆかを　ドシンと　ふみ鳴らせ
昼間は　わめき
夜、高いびき
ガヤガヤ　ガヤガヤ

この町の入り口には、こんな立て札が立っていました。

これよりガヤガヤの都
世界でいちばんやかましい町

ところで、ガヤガヤの町のやかましい人々の中でも、とりわけやかましいのは王子様でした。王子様は、名前をギャオギャオといいました。そして、まだ六つにもなっていないのに、たいていの大人よりずっとやかましい音を立てることができました。王子様は、大声でわめきちらしながら、おなべとやかんをぶつけ合わせ、おまけにヒューッと口笛を鳴らすことができました。

王子様の大好きな遊びは、ドラムかんとブリキのバケツを高く積み上げて山にし、それから、大きな音を立てて、ガラガラガッシャンガッシャンガッシャンと、その山をくずすことでした。王子様は、はしごを使って、山をどんどん、どんどん高くしていき、音をどんどん、どんどんやかましくしていきました。けれども、どんなに音をやかましくしても、これで十分という気持ちになれませんでした。

「もっとやかましい音が聞きたい。もっともっとやかましい音が聞きたい。世界でいちばんやかましい音が聞きたい。」と、王子様は思いました。

さて、あと一月半もすると王子様の誕生日《たんじょうび》が来るというある日、王様は、王子様をよんで、誕生日のおくり物には何がいいかと聞きました。

「ぼく、世界でいちばんやかましい音が聞きたい。」

と、王子様は言いました。

「よろしい。」

と、王様は言いました。

「それでは、わが近衛《このえ》軍楽隊に命じて、その日は、朝からばんまで、とびきりやかましい音でたいこをたたかせよう。」

「でも、その音なら、ぼく、前に聞いたことがあるよ。あれじゃ、世界でいちばんやかましい音にはならないよ。」

と、王子様は、不満そうに言いました。

「よろしい。では、そのうえに、その日は、わが町の警官《けいかん》を全員動員して、朝からばんまでとびきりけたたましい音で、笛を鳴らさせよう。」

「それも前に聞いたことがあるよ。それだけじゃ足りないよ。」

と、王子様は言いました。

「では、これはどうじゃ？　その日は、学校を全部休みにする。そして、子どもたちは一日うちにいて、朝からばんまで、とびきり大きな音で、そこいらじゅうの戸という戸をけりまくるようにさせるのじゃ。どうだ、これでいいだろう？」

「うん、少しはいいと思うけど。」

と、王子様は言いました。

「でも、それだって、世界でいちばんやかましい音というわけにはいかないと思うんだ。」

王様は、たいへんやさしいかたでした。でも、だんだんいらいらしはじめました。

「いったい、どうすりゃ気がすむんだ？　おまえに何かいい考えでもあるのか？」

「うん、ぼく、ずうっと前から考えてたんだ。世界じゅうの人が、一人残らず、同時にどなったら、どんな音になるだろうって。何百万、何千万、何億もの人が、みんないっしょに『ワアー。』ってさけんだら、きっと、それが、世界でいちばんやかましい音だと思うんだ。」

「ふうむ。」と、王様は考えこみました。考えれば考えるほど、これはおもしろいという気がしてきました。

「こいつは、いける。」と、王様は思いました。「それに、もし、これを実現させたら、わしは、全世界の人間に同時に同じことをさせた世界最初の王として、歴史に名前が残るわけじゃ。」

「よし、やってみよう！」

と、王様は言いました。

さあ、それから、ガヤガヤの町は、いそがしくなりました。何百人もの使いが、世界のあちこちへ送り出されました。暑い暑いジャングルから、寒い寒い氷の国まで。毎日、毎日、何千というお知らせが、あらゆる場所へ送られました。電報で、トムトムで、伝書バトで。車で、飛行機で、犬ぞりで。

そして、間もなく、その返事がとどきはじめました。

だれもかれも、

「この思いつきはおもしろい。喜んで協力しましょう。」

と言ってきました。全世界の人が同じ時刻《じこく》にいっせいにさけぶという考えに、全世界の人が賛成したようでした。

日がたち、王子様の誕生日が近づくにつれて、こうふんは、どんどん高まっていきました。どこの国でも、ギャオギャオ王子の誕生日のことで、話は持ちきりでした。世界じゅうどこへ行っても、どんな小さな村へ行っても、このことでポスターの出ていない国はありませんでした。そして、ポスターには、その国の言葉で、正確に、何月何日、何時何分にさけぶかということが書いてありました。その時刻が来たら、みんな、ありったけの声で、

「ギャオギャオ王子、お誕生日おめでとう！」

と、さけぶことになっていました。

ある日のことでした。ガヤガヤからずっとずっとはなれた、ある小さな町で、一人のおくさんがだんなさんに話をしていました。

「ねえ、あなた。わたしはね、わめくのはいいと思うのよ。でも、ちょっと気になるのはね、自分がありったけの声でさけんでしまったら、ほかの人の声が聞こえないってことなの。だって、そうでしょう。自分の声しか聞こえませんもの。だけど、わたし、世界でいちばんやかましい音というのを、ちょっと聞いてみたい気がするの。」

「おまえの言うとおりだ。」と、だんなさんは言いました。そして、しばらく考えてから、こう言いました。

「どうだろう、そのとき、ほかの人といっしょに口だけは開けて、声は出さないでいたら？　そうすれば、ほかの連中の出す声が、いったいどんなものか聞けるわけだ。」

おくさんは、これはすばらしい考えだと思いました。そして、別に悪気はなかったのですが、近所のおくさんたちにこの話をしました。

別に悪気はなかったのですが、近所のおくさんたちは、だんなさんにこの話をしました。

別に悪気はなかったのですが、だんなさんたちは、職場で、同りょうにこの話をしました。

別に悪気はなかったのですが、その人たちは、友達にこの話をしました。友達はその友達に話しました。

やがて、世界じゅうの人たち、おひざもとのガヤガヤの町の人たちさえ、そのときが来たら、口だけは開けて、声は出さないで、ほかの人のさけぶ声を聞こうと、ひそひそ言いかわすようになりました。だれも、王子様の誕生日を台なしにするつもりはありませんでした。でも、みんな、こう考えたのです。

「わたし一人くらいだまってたって、分からないわ。だって、何百万、何千万、何億って人がさけぶんですもの。ほかの人がさけんでいる間、わたしは静かにして、どんな音になるか耳をすましていましょう。」

さて、いよいよ、ギャオギャオ王子の誕生日がやってきました。世界じゅういたるところで、人々は、広場や、集会場に集まっていました。人々の目は、じいっと時計に注がれていました。カチッカチッと時計の秒針《びょうしん》が動き、約束のしゅん間が近づきます。息づまるようなこうふんが、電気のように世界じゅうをかけめぐりました。

もちろん、ガヤガヤの町では、こうふんは、その極に達していました。人々は、宮殿《きゅうでん》の前の広場に集まっていました。王子様は、宮殿のバルコニーから身を乗り出して、世界でいちばんやかましい音が始まるのを、今か今かと待っていました。

十五秒前…… 十秒前……五秒前……

三、二、一、それっ！

何百万、何千万、何億という人が、世界でいちばんやかましい音を聞くために耳をすましました。そして、その何億という人の耳に聞こえたのは、全くのちんもくでした。だれもかれもが、ほかの人の声を聞こうとして、声を出さなかったからです。だれもかれもが、仕事は人にまかせて、自分はその結果だけを楽しもうとしたからです。

さて、かんじんのガヤガヤの町では、どうだったでしょう？

この町の歴史が始まって以来、初めて、ガヤガヤの町は、しいんと静まりかえりました。世界でいちばんやかましい音で、王子様の誕生日をお祝いするはずだったのに……。

人々は、王子様に悪いことをしたと思いました。申しわけなさとはずかしさで、人々は、頭をたれ、こそこそと家に帰りかけました。

ところが、急に、足を止めました。あれは、何でしょう？　宮殿のバルコニーから聞こえてくる、あの音は？

まさかと思いましたが、まちがいありません。王子様です。王子様がうれしそうに手をたたいているのです！　王子様は、しきりにはしゃいで、とんだりはねたりしながら、庭の方を指差していました。

生まれて初めて、王子様は、小鳥の歌を聞いたのです。木の葉《こは》が風にそよぐ音を、小川を流れる水の音を聞いたのです。生まれて初めて、王子様は、人間の立てるやかましい音ではなく、自然の音を聞いたのです。生まれて初めて、王子様は、静けさと落ち着きを知ったのです。そして、王子様は、それがすっかり気に入りました。


さて、それからというもの、ガヤガヤの町は、もうやかましくなくなりました。人々は、静かに話すようになりました。ガヤガヤの町のアヒルは、世界じゅうのどこのアヒルよりも、やわらかな声でクワクワと鳴きました。ガヤガヤの町の家の戸は、世界じゅうのどこの家の戸より、音を立てずにすっとしまりました。ガヤガヤの町のおまわりさんたちは、世界じゅうのどこのおまわりさんよりも、やさしくそっと笛をふきました。そして、人々は、自分たちの町が、世界でいちばん静かで平和だということを自まんするようになりました。

今では、ガヤガヤの町の入り口には、こんな札が立っています――。

ようこそ、ガヤガヤの都へ
世界でいちばん静かな町

東京書籍『新しい国語』平成二十三年度　五年上

基本的な物語の構造では、まず「はじまりの場面（前ばなし）」をもつ。この場面では、物語の大もととなる「時・場・人物」が説明される。前ばなしをしっかりと読んでいなければ、物語全体は詳しく読めない。

実際の授業ではどう教えるの？

『世界でいちばんやかましい音』は典型的な物語のしくみでできています。改めて基本四場面にとらえ直しながらこの物語を読んでみると、見えてくるものがあるのです。

物語の「四つの基本場面」
①はじまりの場面（前ばなし）…〈設定〉
②出来事の展開場面…〈展開〉
③クライマックス場面…〈山場〉
④おわりの場面（あとばなし）…〈結末〉

基本的な物語の構造では、まず「はじまりの場面（前ばなし）」をもつ。この場面では、物語の大もととなる「時・場・人物」が説明される。

一行空けの前までが「前ばなし」。

時は？
「ずいぶん昔」

そうだね。ずいぶん昔のできごとだ。

場は？

「ガヤガヤの都」

そうだね。どんな都だ？

「世界でいちばんやかましい町」

そうだね。いいね。世界でいちばんやかましいということが、どんなにやかましいか、具体的に説明されているよね？

「ガヤガヤの町のアヒルは世界じゅうのどこのアヒルよりやかましく鳴く」

「おまわりさんも世界じゅうのどこよりもけたたましい音でピーッと笛をふく」

「そのことを自まんしているって書いてある」

「自分たちの町の家の戸が、世界じゅうのどこの家の戸よりも大きな音を立ててバタンバタンとしまるって書いてあるよ」

「人々は、話すということをしないで、いつもわめくか、どなるかしたって」

「歌にもあるね。立て札も世界でいちばんやかましい町だよ、と書いてある」

そうだね。人物は？

「ギャオギャオ王子」

ギャオギャオ王子はどういう人物？

「やかましいガヤガヤの町でもとびきりやかましい」

「世界でいちばんやかましい音を聞きたい！という願いをもっている」

「六つにもなってない！」

そうだね。六つにもなってないのか。幼稚園くらいか？「前ばなし」っていうのは、大事な大もとをまず説明するんだね。物語の大もとになる大事なことを説明したうえで、

「じゃあいいかい？　これからクライマックスに向かって出来事が進んでいくよ！　さあ始めるよ！」と言って始める。

「前ばなし」をしっかりと読んでいなければ、物語全体は詳しく読めない、「作品の心」は受け取れません。たった数行の「前ばなし」ですが、きわめて重要な設定が説明されています。黒板に書き、「これが大事だね」とノートにちゃんと書かせなければならない。

『世界でいちばんやかましい音』の「はじまりの場面」（前ばなし）

①「時」………ずいぶん昔

②「場」………ガヤガヤの都

③「人物」……ギャオギャオ王子（ガヤガヤの町の中でもとりわけやかましい。世界でいちばんやかましい音が聞きたいと願っている）

我々読者とすると、「前ばなし」を読んで、「大事なことはわかったよ。さて、出来事が始まるね」というふうに読んでいくのが物語の読み方だ、と教えます。「前ばなし」、つまり「はじまりの場面」は、なんとなくあるわけではないんだということをおさえます。

さらに、出来事が始まるよ、というときの物語の特徴的な表現も教えます。それは、「ある」で始まることが多いということ。「あるとき」「ある日」とか、『かさこじぞう』では「ある年の大みそか」で始まったことを思い出させるのです。

「ある」というのは、「前ばなし」が終わって、これから出来事が始まるよ、というときによく使う表現だ。『ごんぎつね』もそうだったでしょ？『ある秋のことでした。』で出来事が始まった。なんで「ある秋のことでした。」で始まるのかというと、出来事の始まりの証拠だ、と考えるといい。

『世界でいちばんやかましい音』も「さて、あと一月半もすると王子様の誕生日がくるというある日、」とある。「ある日」で典型的な出来事の始まりを表しているよ。

五年生になったら、いままでやってきたことをもとに教える。過去に学習したことを思い出させ、系統立てて理解させるといい。

さて、出来事が始まりました。出来事は「クライマックス場面」、山場に向かって進んでいく。では、山場はどこかな、というと、一行空けている、「さて、いよいよ、ギャオギャオ王子のたんじょう日がやってきました。」からが、「クライマックス場面」でいいよね。ここは、大きく何かが変わる。何が変わった？

「ギャオギャオ王子が変わった」

「初めて静かな音を聞いて、気持ちが変わった」

そうだね。そして、一行空けて「さて、それからというもの、ガヤガヤの町は、もうや

出来事が始まるよ、というときの物語の特徴的な表現も教える。

それは、「ある」で始まることが多いということ。「あるとき」「ある日」…。

『かさこじぞう』では「ある年の大みそか」で始まったことを思い出させる。

かましくなくなりました。」からが、大きく変わったその後のことが描かれる典型的な「あとばなし」の部分だ。

しくみをおさえるときには、基本的に、「前ばなし」は一つの場面としておさえさせること。「前ばなし」がいくつかの場面からできているというふうにはとらえないほうがいい。一つの場面としてくくりなさい。「クライマックス場面」も一つの場面としてとらえ、さらに「あとばなし」も一つの場面としてとらえるほうがわかりやすい。細かい場面に分けられるのは、出来事が進行していく「展開場面」となる。

例えば、七つの場面からできている物語の場合、「前ばなし」は①、②から⑤までが物事の「展開場面」としてくくられる。⑥が「クライマックス場面」、⑦が「あとばなし」。

このように「前ばなし」、「展開場面」、「クライマックス場面」、「あとばなし」の四つの大きな場面で物語がつくられている、とおさえるのが基本です。

学年に応じた教え方があるの？

基本は四場面、ただし、ある物語は「前ばなし」がなくて、いきなり物語の「展開場面」から始まる。ある物語は「あとばなし」がない。「あとばなし」がないのは、『ごんぎつね』がそうでしたね。よろしいでしょうか。

さらに、『おおきなかぶ』は、「前ばなし」も「あとばなし」もない物語でした。

でも、絶対にどの物語にもあるのが、「クライマックス場面」。「クライマックス場面」、すなわち物語の「山場」は、どの物語にもあります。

五年生になったら、「序論・本論・結論」の三つの基本構成で説明文をとらえ、「前ばなし・展開場面・クライマックス場面・あとばなし」、この四つの大きな場面で物語の基本場面をしっかりとおさえないといけない。

物語は場面からできている、「時・場・人物」で大切にされながらくくられて全体ができている、ということを学んできた子どもたちが五年生になったら、七つの場面がただ順番に並んでいるのではなくて、四つの大きな基本場面、「前ばなし・展開場面・クライマックス場面・あとばなし」にくくり直す。これが、遅くとも五年生の一学期までに必要です。

三・四年生で小さな場面分けから、「前ばなし」「あとばなし」「クライマックス場面」を教え、五・六年で基本四場面を教える、とお話ししましたが、どの段階で教えるかはクラスの状況や学習内容によって変わってきます。

私はいま三年生を担任していますが、この子たちは一年生からのもち上がりで三年目になります。物語の学習は一年のときには『おおきなかぶ』で場面意識をもたせ、二年の『かさこじぞう』で小さな場面分けを学びました。さらに基本四場面の素地をつくる活動を、二年の『かさこじぞう』ですでに学習してきました。次のページに二年のときに彼らが書いた「物語のしくみ」、「『かさこじぞう』の物語のしくみ」の図を載せました。四十人の子どもたちの書いた物語のしくみの一部ですが、二年生でもしくみを的確にとらえている様

基本的に、「前ばなし」は一つの場面としておさえさせる。
「クライマックス場面」も一つの場面としてとらえ、
さらに「あとばなし」も一つの場面としてとらえるほうがわかりやすい。

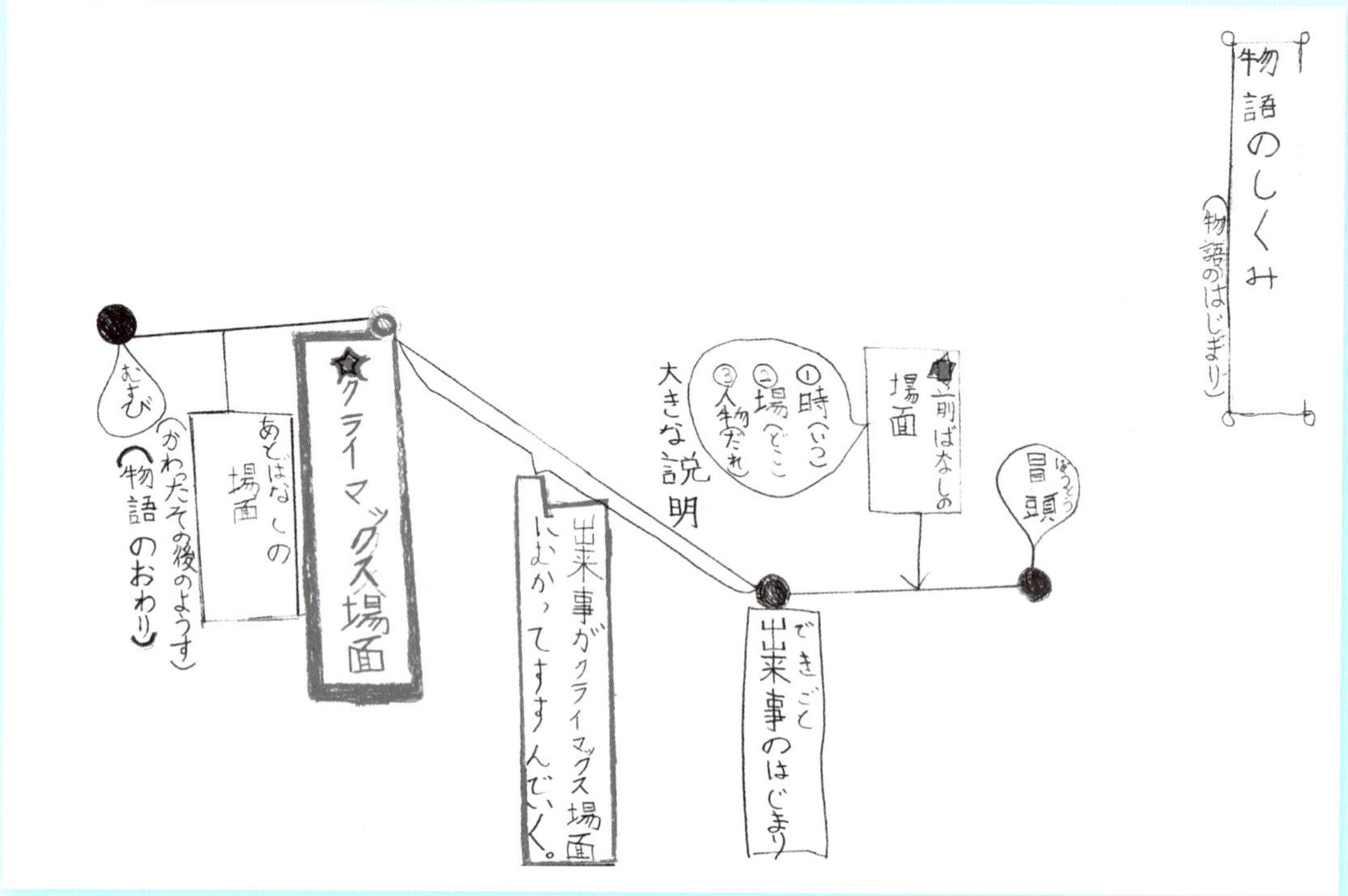

物語のしくみ
(物語のはじまり)
冒頭《ぼうとう》
☆前ばなしの場面
①時(いつ)
②場(どこ)
③人物(だれ)
大きな説明
出来事《できごと》のはじまり
出来事がクライマックス場面にむかってすすんでいく。
☆クライマックス場面
あとばなしの場面
(かわったその後のようす)
むすび
(物語のおわり)

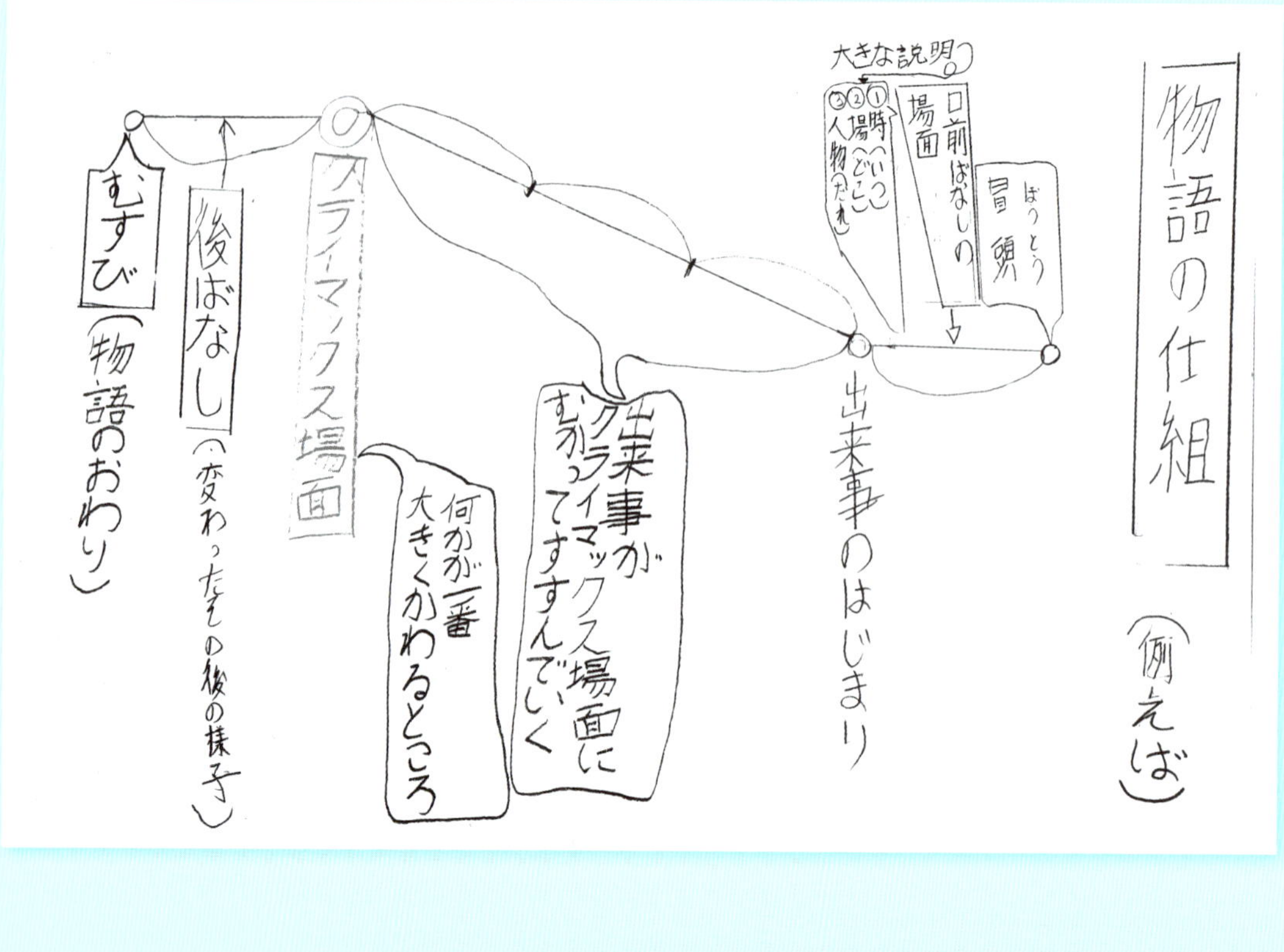

物語の仕組
(例えば)
冒頭《ぼうとう》
□前ばなしの場面
①時(いつ)
②場(どこ)
③人物(だれ)
大きな説明
出来事のはじまり
出来事がクライマックス場面にむかってすすんでいく
何かが一番大きくかわるところ
クライマックス場面
後ばなし
(変わったその後の様子)
むすび
(物語のおわり)

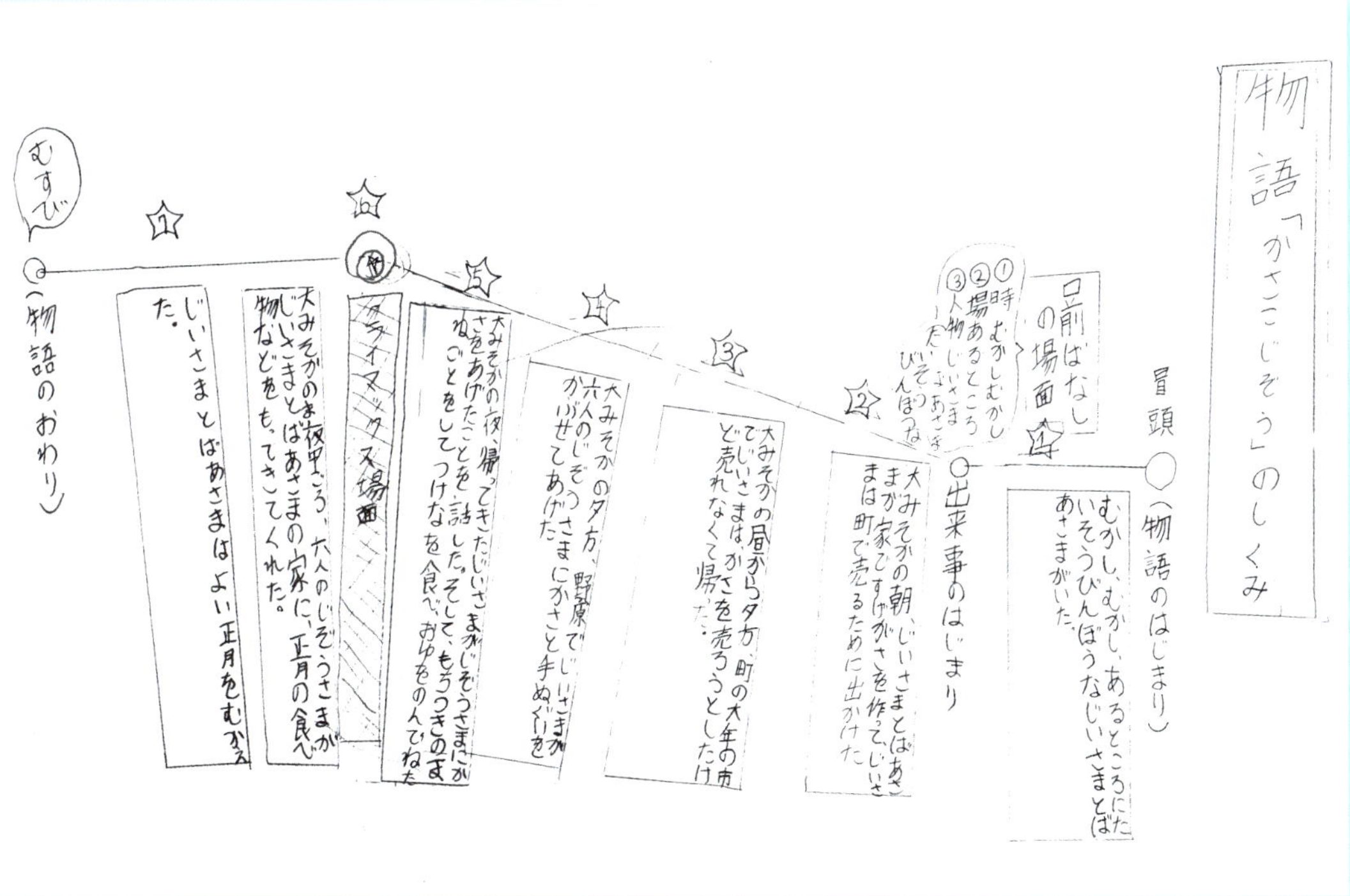
物語「かさこじぞう」のしくみ
冒頭
（物語のはじまり）
むかし、むかし、あるところにたいそうびんぼうなじいさまとばあさまがいた。
①前ばなしの場面
①時 むかしむかし
②場 あるところ
③人物 じいさまとばあさま たいそうびんぼうな
○出来事のはじまり
大みそかの朝、じいさまとばあさまが家ですげがさを作って、じいさまは町で売るために出かけた。
大みそかの昼から夕方、町の大年の市でじいさまは、かさを売ろうとしたけど売れなくて帰った。
大みそかの夕方、野原でじいさまが六人のじぞうさまにかさと手ぬぐいをかぶせてあげた。
大みそかの夜、帰ってきたじいさまがじぞうさまにかさをあげたことを話した。そして、もちつきのまねごとをしてつけなを食べ、おゆをのんでねた
クライマックス場面
大みそかのま夜中ごろ、六人のじぞうさまがじいさまとばあさまの家に、正月の食べ物などをもってきてくれた。
じいさまとばあさまはよい正月をむかえた。
むすび
（物語のおわり）

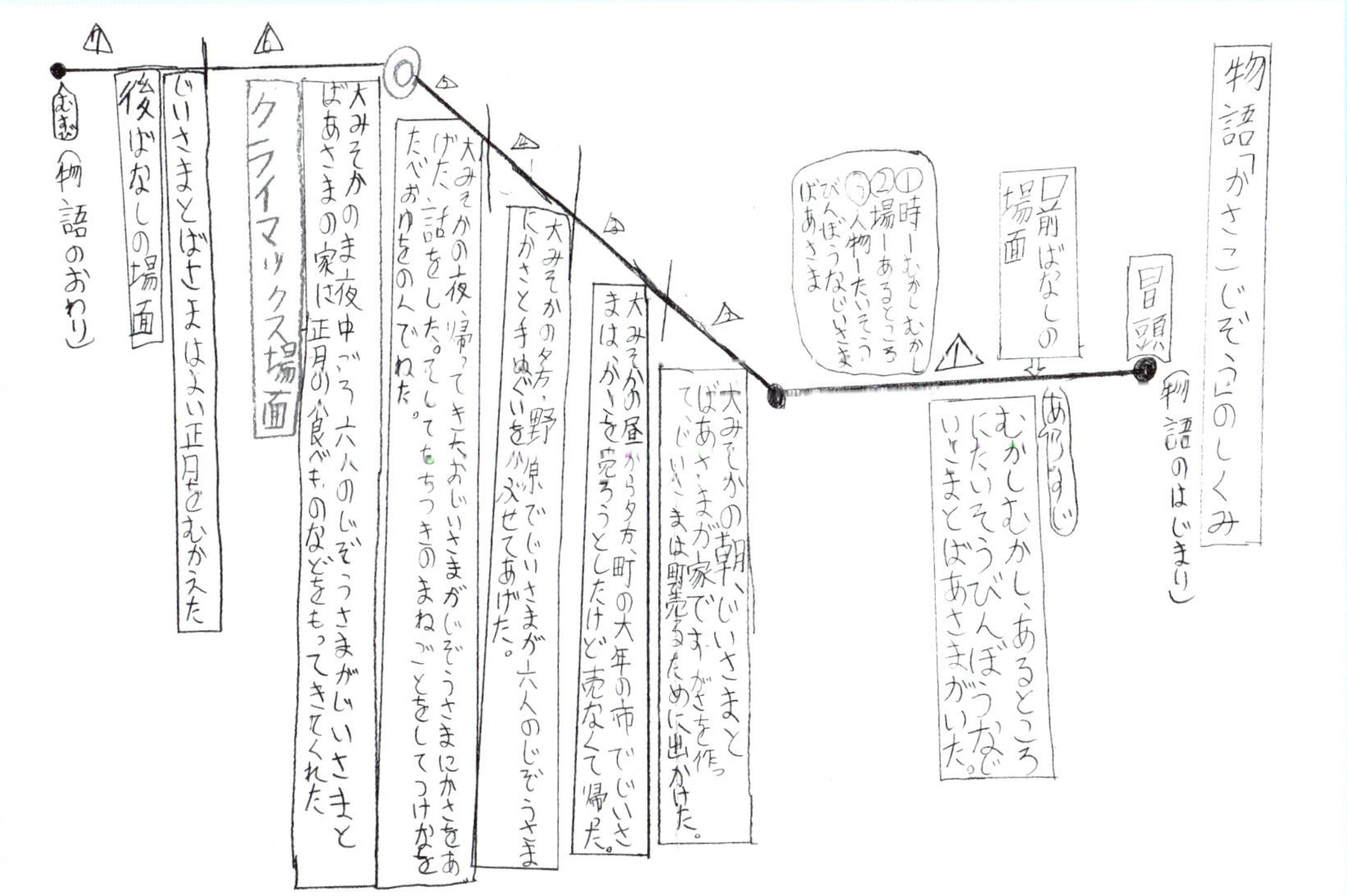
物語「かさこじぞう」のしくみ
冒頭
（物語のはじまり）
あらすじ
むかしむかし、あるところにたいそうびんぼうなじいさまとばあさまがいた。
①前ばなしの場面
①時ーむかしむかし
②場ーあるところ
③人物ーたいそうびんぼうなじいさまとばあさま
大みそかの朝、じいさまとばあさまが家ですげがさを作って、じいさまは町で売るために出かけた。
大みそかの昼から夕方、町の大年の市でじいさまはかさを売ろうとしたけど売れなくて帰った。
大みそかの夕方、野原でじいさまが六人のじぞうさまにかさと手ぬぐいをかぶせてあげた。
大みそかの夜、帰ってきたおじいさまがじぞうさまにかさをあげた話をした。そしてもちつきのまねごとをしてつけなをたべおゆをのんでねた。
大みそかのま夜中ごろ六人のじぞうさまがじいさまとばあさまの家に正月の食べものなどをもってきてくれた
クライマックス場面
じいさまとばあさまはよい正月をむかえた
後ばなしの場面
むすび
（物語のおわり）

Check 私の国語教室では、「物語の構成」を次のように段階的に教えている。

「物語の構成」 1・2年生段階	【いくつの「場面」からできている?】 ●「場面」＝物語をつくる、小さなまとまり ○時（いつ）・場（どこ）・人物（だれ）の3観点から場面を分ける。 ★紙芝居にすると、何枚の絵が必要? 【いちばん大切な場面は、どの場面?】 ○あることが大きくガラリと変わる場面
「物語の構成」 3・4年生段階	【前ばなしの場面】 ○物語の大もとになる「時・場・人物」の大きな説明の場面 ★この物語には、前ばなしの場面はある? 【出来事の展開場面の小さな場面構成】 ○展開場面はいくつの小さな場面? 【あとばなしの場面】 ○「前ばなしの場面」との対応 ○最も大きな変化のその後が描かれている。
「物語の構成」 5・6年生段階	【基本４場面構成】 ①大きな設定場面（＝「設定」の部分）<前ばなし> ②出来事の展開場面（＝「展開」の部分） ③クライマックス場面（＝「山場」の部分） ④その後の場面（＝「結末」の部分）<あとばなし> 【重要な六つの文】 ①冒頭　②出来事の始まり　③クライマックス場面の始まり　④クライマックス ⑤出来事の終わり　⑥結び 【クライマックス場面の読みの重要性】 ●クライマックス場面―物語全体を通して、あることが最も大きく変わるところ

子がおわかりいただけると思います。

ちなみに、一〜三年の彼らを担任したあとは、いままで担任していない別の子どもたちを四〜六年で担任することになります。四年で初めて出会う子どもたちの物語の最初の学習材は、前にもお話しした通り、『かさこじぞう』から始めます。

『かさこじぞう』で物語の基本四場面をしっかりつかませ、その学びをもとに、四年の『ごんぎつね』、五年の『大造じいさんとがん』、六年の『海のいのち』と学びを深めていくのです。

物語だけでなく、読みの力をつけるには、学びの積み重ねが重要です。我々は子どもたちを六年間かけて育てるのだ、ということを忘れてはいけないと思います。

これだけはおさえよう！

四つの大きな基本場面、「前ばなし・展開場面・クライマックス場面・あとばなし」にくくり直す。

六年間かけて、学びを積み重ね、読みを深めていく。

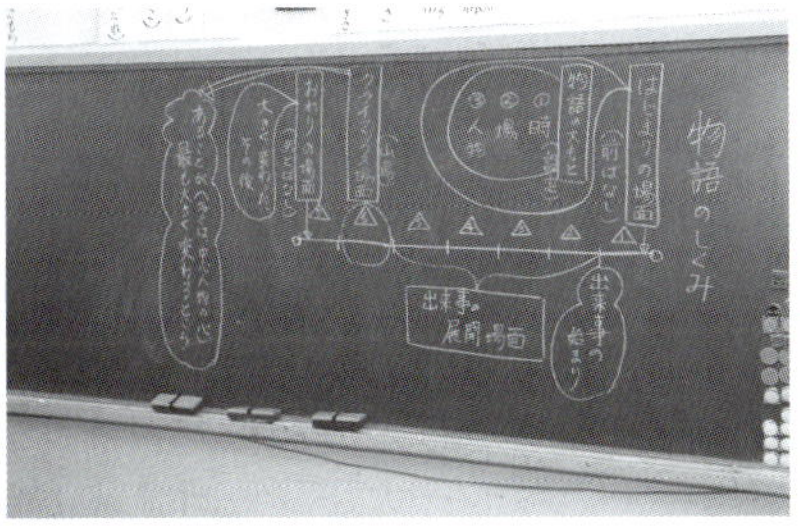

これも教えて！

「前ばなし」「あとばなし」がない物語にはどんなものがありますか。教科書教材の型分けを教えてください。

物語のしくみ…基本四場面構成で考えると、四つの型に分類できます。

①基本四場面構成（物語の基本的なしくみ）

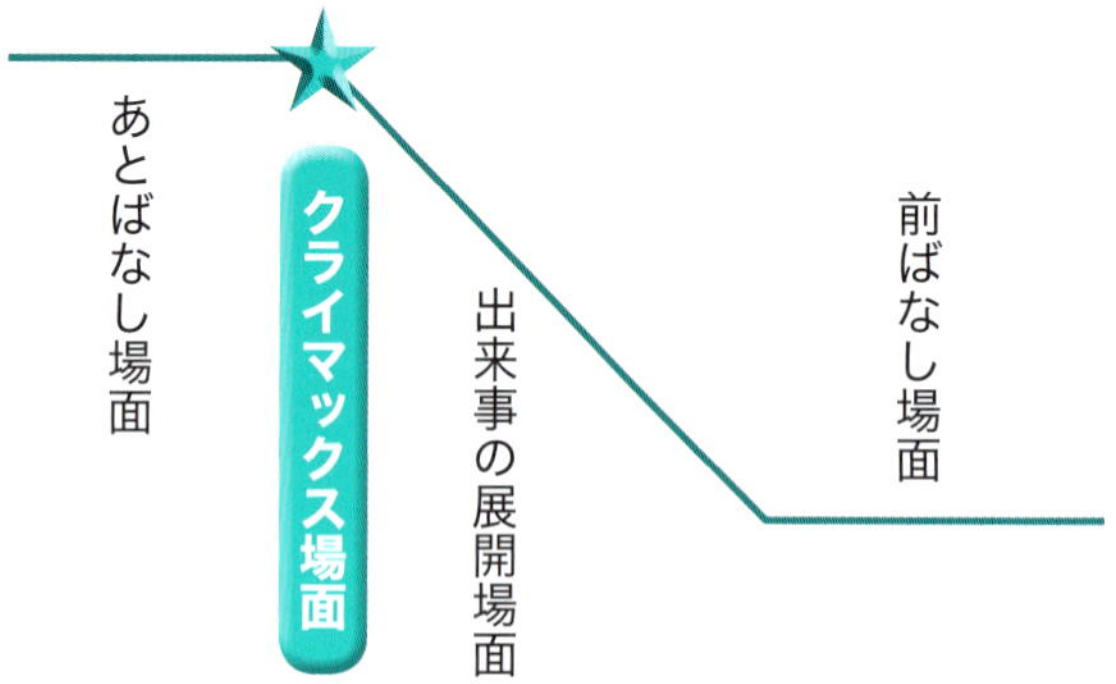

- **「スーホの白い馬」**　（おおつかゆうぞう）【光村２年】
- **「わすれられないおくりもの」**　（スーザン・バーレイ）【教出３年】
- **「かさこじぞう」**　（いわさききょうこ）【東書・教出・学図２年】
- **「ゆうすげ村のちいさな旅館」**　（茂市久美子）【東書３年】
- **「サーカスのライオン」**　（川村たかし）【東書３年】
- **「木かげにごろり」**　（金森襄作）【東書３年】
- **「モチモチの木」**　（斎藤隆介）【光村・教出・学図３年】
- **「世界でいちばんやかましい音」**　（ベンジャミン・エルキン）【学図４・東書５年】
- **「大造じいさんとがん」**　（椋鳩十）【東書・光村・教出・学図５年】
- **「ばらの谷」**　（高山貴久子）【東書６年】
- **「海のいのち」**　（立松和平）【東書・光村６年】
- **「ヒロシマのうた」**　（今西祐行）【東書６年】

②「あとばなし場面」なし（クライマックス場面で終わる）

- 「スイミー」
  （レオ・レオニ）【光村・学図２年】
- 「ごんぎつね」
  （新美南吉）【東書・光村・教出・学図４年】
- 「世界一美しいぼくの村」
  （小林豊）【東書４年】

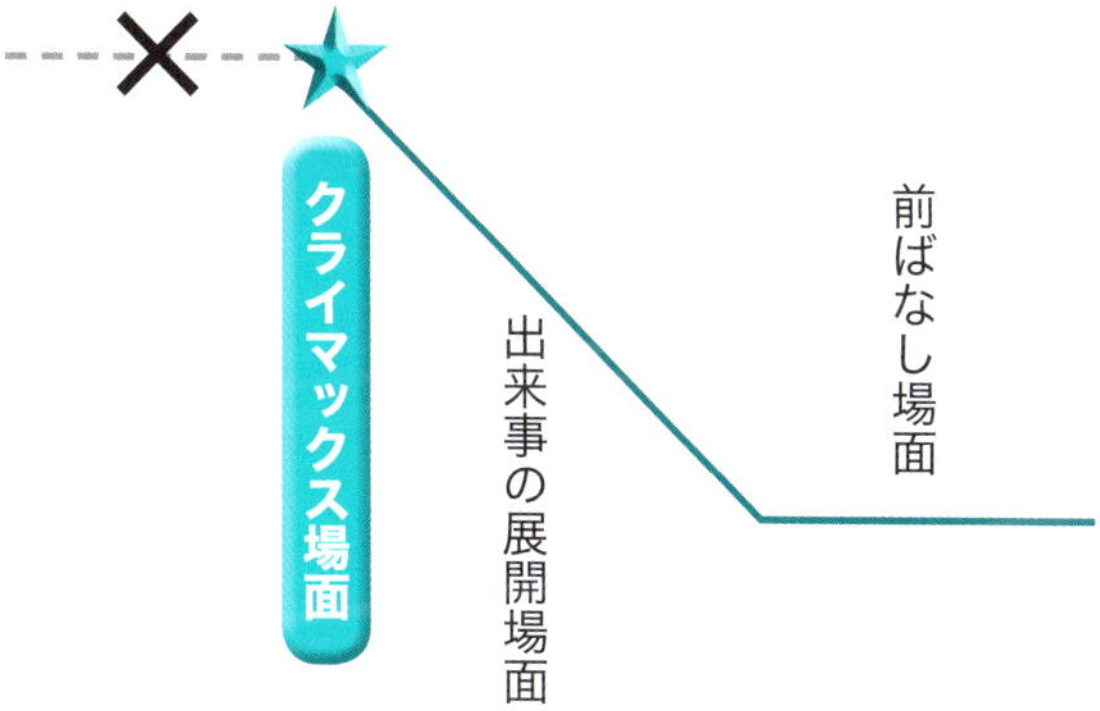

③「前ばなし場面」なし（冒頭から出来事が始まる）

- 「お手紙」
  （アーノルド・ローベル）
  【東書・光村・学図２年】
- 「名前を見てちょうだい」
  （あまんきみこ）【東書２年】
- 「走れ」
  （村中李衣）【東書４年】

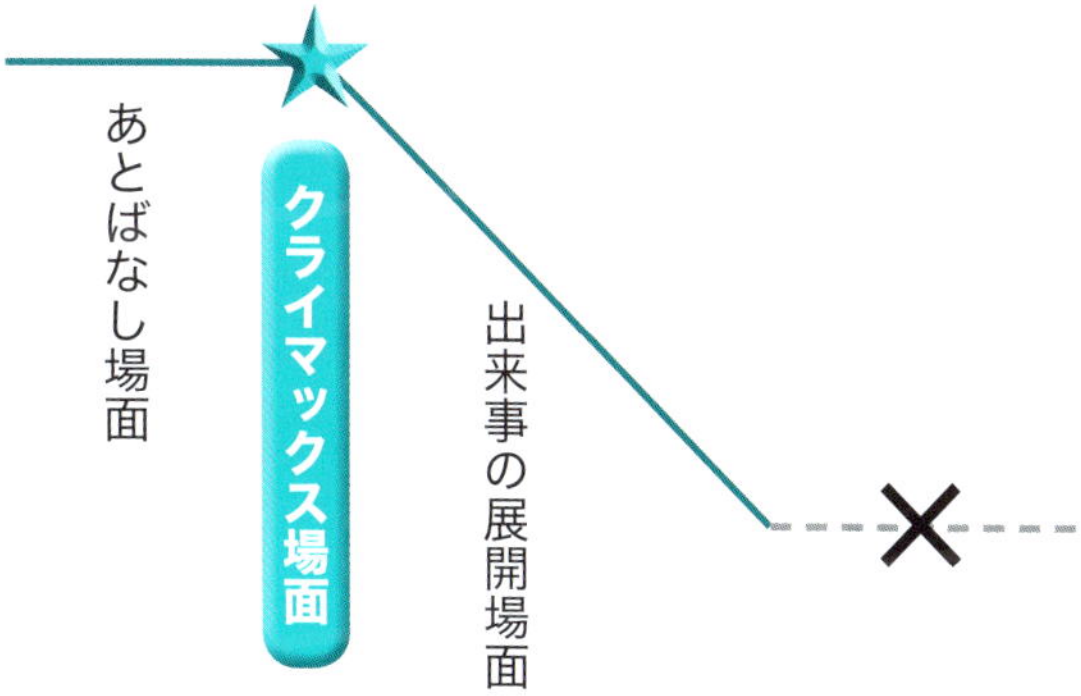

④「前ばなし場面」「あとばなし場面」なし
（冒頭から出来事、クライマックス場面で結び）

- 「おおきなかぶ」
  （うちだりさこ）
  【東書・光村・教出・学図１年】
- 「サラダでげんき」
  （かどのえいこ）【東書１年】
- 「風切るつばさ」
  （木村裕一）【東書６年】

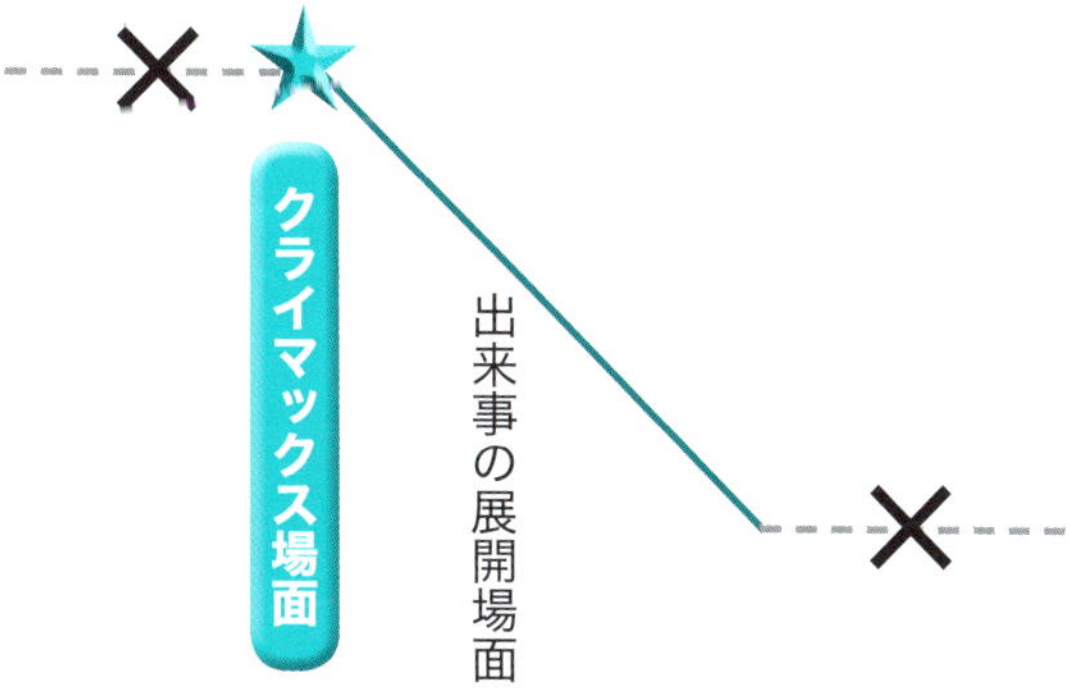

Q-7

あらすじまとめはなぜやるの？

あらすじまとめをさせていますが、うまくいきません。時間ばかりかかって、成果が出ません。あらすじまとめって、どの教材でも必要ですか？

あらすじまとめをする理由は？

あらすじの学習も物語の大体をとらえるために行うものです。「場面はいくつ」の学習と同じように、出来事の大きな流れをつかむときにとても大事です。

出来事全体の流れを「前ばなし」「あとばなし」も入れ込んで物語全体を把握するという学習として、「あらすじまとめ」は小さな場面分けと同じような意味をもちます。あらすじをまとめることは、物語を自分なりに再構成するためにきわめて重要な学習なのです。

あらすじまとめは、六年間のどこかの段階で、学習のまとめとしてしっかりやるべきです。しかし、どんな教材でもあらすじまとめをしないといけないという発想ではありません。全ての教材であらすじまとめを行うのは、確かに大変です。ただし、あらすじとはこういうもので、あらすじをまとめる方法とはこんなものだよな、と教えることは必要だ、と認識しておいてください。

あらすじ指導は大変、という声をよく耳にします。確かに、あらすじまとめは子どもにとって容易なことではありません。だからこそ、数時間かかりますが、中学年のどこかの作品で、みんなで場面分けを考えたあと、「場面一文」というまとめ方をしっかり学ばせます。いずれかの作品であらすじをまとめる学習が必要になるのです。

ただ「あらすじを書きなさい」と言っただけでは、子どもは出来事の流れにそって、だらだらと長い文を書き綴ってしまいます。そして、長いわりには重要なことが抜けていたりする。だから「場面ごとに一文。時、場、人物、したこと、思ったこと……これらにかかわる大切な言葉は絶対に落とさず書くんだぞ」と、まとめ方を具体的に教えます。

さらに、「第三場面と第四場面は一つの文になりそうだね」と、なるべく文の数を減らすようにもっていきます。

「場面ごとに一文。時・場・人物（したこと、思ったこと）……
これらに関わる大切な言葉は絶対に落とさず書くんだぞ」と、
あらすじのまとめ方を具体的に教える。

あらすじまとめの土台は、小さな場面分けです。小さな場面分けを一生懸命検討しなければ、書けません。私は中学年からあらすじ指導を始めます。

小さな場面構成が八場面だったから、場面ごとになんとか一文でまとめてみよう……これが「あらすじまとめ」の基本です。場面ごとに「時」「場」「人物」。その人物のしたこと、思ったこと、これらに関わる大切な言葉を落とさず、なるべく短い一文にしたものを合わせると、あらすじになります。

例えば『ごんぎつね』は、八つの場面構成の作品ととらえましたから、「八文以内の文章」で、あらすじをまとめるように指示を出します。

物語の各場面の「時・場・人物」の大切な表現をおさえて、一文で表そう。『ごんぎつね』は八つの場面からできているから八つの文で書こう。それを合わせるとあらすじになるよ。

このように投げかけて、個々に一文要約を書かせるのですが、多くの先生方から、「ノートにまとめさせるのが難しい」という意見をいただいています。確かに一文といえども、初めから自力で一文でまとめさせるのは大変ですね。

クラスの状況によっては、穴埋め形式にして、いくつかの一文づくりを経験させ、最後には自力でまとめられるようにしていくのが効果的です。

次にあげたのは、私が企画・監修している『国語の力』（文溪堂）の『世界でいちばんやかましい音』の学習部分です。穴埋めの形式にしてあります。教科書から文を書き出す場合も、大枠が決まっていると、子どもたちに書かせやすいようです。

三 物語の構成に気をつけて読もう

国語の力 物語

世界でいちばんやかましい音 ①

教科書の文章の学習です。

はじめ

教科書40〜52ページの文章を読んで、考えましょう。

物語の構成をとらえよう。

1 この物語は、四つの部分に分けることができます。それぞれ、「時や場」・「出来事や人物の行動」などに気をつけて、表をまとめましょう。

物語の各場面の「時」・「場」・「人物（したこと・思ったこと）」の大切な表現をおさえて一文で表します。それを合わせると、「あらすじ」になるよ。

		場面	「時」や「場」	「出来事」や「人物の行動や気持ち」など
設定《せってい》	①	40ページ5行目〜41ページ10行目	もう、ずいぶん昔のこと　ガヤガヤという都	ガヤガヤは、世界でいちばん（　　）所だった。
	②	42ページ1行目〜42ページ12行目		ガヤガヤの町の人々の中でもとりわけやかましいギャオギャオ王子は、「（　　）やかましい音が聞きたい。」と思った。
展開《てんかい》	①	42ページ13行目〜（　）ページ（　）行目	あと（　　）もすると王子様の誕生日《たんじょうび》が来るというある日	王様は、王子様の誕生日に、（　　）の人間に同時に（　　）ことにした。
	②	（　）ページ（　）行目〜46ページ12行目	世界中	ガヤガヤの町から、世界のあちこちへ使いが送り出され、全世界の人が同じ時刻《じこく》にいっせいに（　　）ことになった。
	③	46ページ13行目〜48ページ12行目	ある日のこと　ガヤガヤからずっとずっとはなれた、ある小さな町　世界中	ある小さな町のおくさんとだんなさんの考えが伝わり、世界中の人々が、「自分は静かにして、どんな音になるか聞こう。」と思うようになった。
山場		48ページ13行目〜（　）ページ（　）行目	王子様の（　　）	ガヤガヤの町は静まりかえったが、王子様は初めて（　　）を聞き、それがすっかり（　　）。
結末		（　）ページ（　）行目〜52ページ10行目	それからというもの	ガヤガヤの町は、世界でいちばん（　　）になった。

13 東5上　終わったら「答えと解説《かいせつ》」の7ページで確かめよう。

東5上 12

三 物語の構成に気をつけて読もう

国語の力 物語

世界でいちばんやかましい音 ②

教科書の文章の学習です。

なか

教科書40〜52ページの文章を読んで、考えましょう。

物語の設定《せってい》や流れをとらえよう。

1 この物語の「人物」・「場」・「時」について、まとめましょう。

① この物語の登場人物を書きましょう。

● 主人公（中心となる人物）

［　　］

● それ以外の登場人物

［　　］

② この物語の主な舞台《ぶたい》となっている場所を書きましょう。

［　　］

③ 「時」について書いてあるところを順に書き出しましょう。

もう、ずいぶん昔のことです。 ← ［　　］ ← ［　　］ ← さあ、それから、 ← ある日のことでした。 ← ［　　］ ← さて、それからというもの、

物語のあらすじをまとめよう。

2 この物語のあらすじをまとめます。（　）に合う言葉を書きましょう。

ずいぶん昔、世界中でいちばん（　　）所は、ガヤガヤという都で、その町の人々の中でも、とりわけやかましいのは、ギャオギャオという（　　）だった。

王様は、王子様の誕生日《たんじょうび》に、「（　　）の人が、一人残らず、同時にどなった、（　　）が聞きたい。」という願いを聞き入れることにした。

世界中の人が賛成したが、ある小さな町のおくさんとだんなさんが考えた、「世界でいちばんやかましい音を聞くために、自分は（　　）、ほかの人のさけぶ声を聞こう。」という考えが、みんなに伝わっていった。

王子様の誕生日、約束の時刻に、（　　）が、王子様は初めて、自然の音を聞き、（　　）を知って、とても喜んだ。

それから、ガヤガヤの町は、世界でいちばん（　　）になった。

15 東5上　終わったら「答えと解説《かいせつ》」の8ページで確かめよう。

東5上 14

あらすじ指導はいつやるの？

十数時間かけて一つの教材を学ぶ場合、あらすじ指導はいつやるのか、という問題があります。

単元の第一次段階に行い、あらすじをまとめることによって読みを深める学習。つまり、あらすじをまとめること自体から読まざるを得ないという学習にするか、単元の第二次の最後、読みができた段階であらすじをまとめさせるか。

「時・場・人物」の大切なことをまとめたものがあらすじだ、という立場に立てば、流れを大きくつかむことが目的だから、心情の変容とかは入れずに、あらすじをまとめることになる。流れをつかむことを主眼に、一文でまとめる。心情読解はしない、変容をおさえつつあらすじをまとめることはしない。そのレベルであらすじまとめを「よし」としてしまうのが一般的です。

でも、あらすじ指導を第二次段階の最後に行えば、もっと深い読みの指導になり得るという考えもあります。個々の読みが出てきていいとなれば、抜き出す要素は一緒だけれど、書かれる文言は異なるということも出てくるのです。何を、どの言葉を取り出しながら、出来事の流れを短くまとめるか。「時・場・人物」だけをおさえるのではなく、人物の変容までも入れ込んだものが、本来のあらすじかもしれません。

となると、あらすじは二つ書かせると変容が見えることになります。一次段階のあらすじと、二次で読み深めたあとのあらすじ。

大きな流れをつかみ、自らが読みの問いをもつためのあらすじ（一次段階）と、変容をとらえたうえでのあらすじまとめ（二次段階）では、内容も深さも違います。

私にとって、いま現在ベストと思うあらすじ指導は、単元のいちばん最後にもう一度書

かせることです。つまり十数時間の終わり、「作品の心」がわかったころに、改めてあらすじをまとめ直すのです。これぞ『ごんぎつね』、これぞ『大造じいさんとがん』、これぞ『海のいのち』のあらすじだ、というものができあがるはずです。

さらに、二度あらすじを書かせる場合、初めのほうは、ある程度子どもに任せてもいいのではないかと思います。実際、私は、五・六年になると、ある程度本人に委ねています。「時・場・人物」を大切にして、あとは自分なりに書ければいいと思うからです。高学年であっても、人物の思ったことまで吟味して一文をつくるのは大変ですから。

そして学習の終わりにもう一度あらすじをまとめさせてみる。すると、「何時間もかけて読んだら、こんなに読みを深められたんだ」と、子ども自身が自らの変容を実感できることになります。

あらすじ指導をどう生かしたらいいの？

先ほど、「私にとって、いま現在ベストと思うあらすじ指導」という言葉を使いました。あらすじ指導もしかり、教材研究もしかり、私も多くの先輩方の研究や授業実践から学び、いまもなお試行錯誤を続けています。もっとよい指導のしかたはないか？　ここの読みにはこういう意味もあるのではないか？と、日々勉強を続けています。その学びによって、私の考えも指導法も変わっていきます。ですから「いま現在の」なのです。

そして、私は、同じように日々の国語教室で努力を続けている仲間の先生たちとともに意見を交わし合い、学び合うことを大事にしています。

ここでは、あらすじ指導について、仲間が集い、学び合った中から、あらすじ指導を「読書紹介」に使う案を紹介しましょう。これはとっても「あり」だと思います。

何のためにあらすじをまとめるか、というと、「人に紹介するため」という目的があってもいいからです。どんなお話か、ということを自分がしっかりつかめていなければ、物語を読んだとはいえません。

どんなお話かは、変容をしっかりとらえたうえでないと、軽々しく言ってはいけませんが、変容にまで踏み込まなくても、最低限言えることがある。どんなお話か、最低限言えることがあらすじだととらえれば、「短くまとめてどんなお話か言ってごらん」と投げかけて、答えさせるのが基本です。

ただ、人に紹介するときに、無機質な「時・場・人物」だけで説明していいのか、とさらに投げかけてみます。

人に説明するときに、最低限の「時・場・人物」だけのあらすじでは伝わり切れないものがある。となると、何が必要か。人物の心情の変容までも入れ込んだあらすじでないと、どんなお話かは伝わらないのではないか？　人に「読んでみたいな」と思わせるには……というあらすじ指導。

あらすじ指導で、どこまでどのレベルの表現をするか、ということです。

最低限こんなお話と言えるレベルのあらすじ。「時・場・人物（したこと・思ったこと）」といった、大事なことだけを取り出してまとめるあらすじ。これは、大きな問いをもって作品に改めて向き合うために必要な、第一次段階のあらすじ指導。

もう一つプラスして、人に紹介するときに、自分が読み取ったことまでも入れ込んで、こんなお話だと説明するあらすじ。言いかえれば、聞いた人が「えー、読んでみようかしら」「よいお話ね」と思えるあらすじ。

あらすじだから、最低限短くしなければいけないけれども、「こういう言葉を入れることによって、どんなお話かということを伝えよう」と、変容のあるところまで、言葉を選

Q-7

あらすじまとめはなぜやるの？

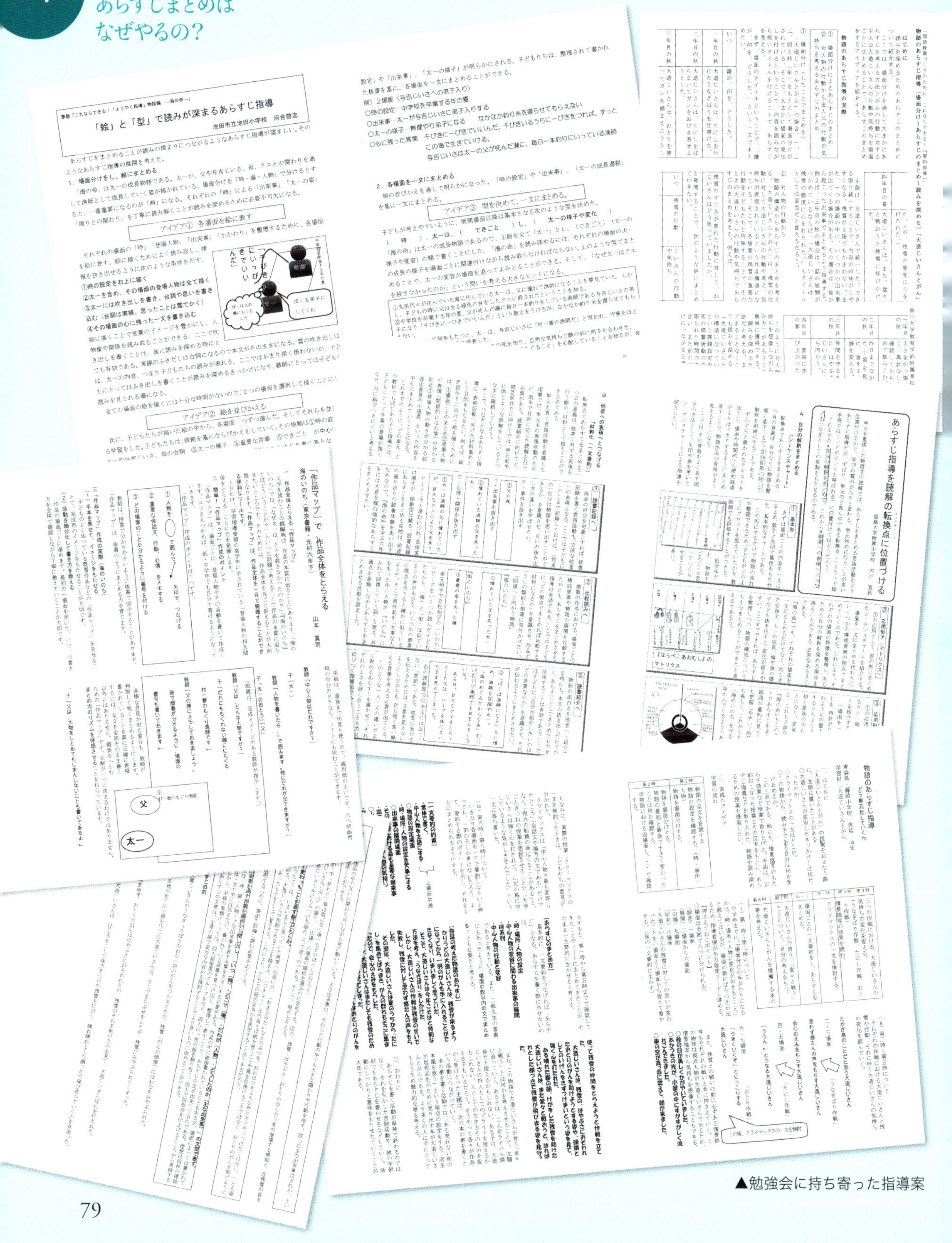

▲勉強会に持ち寄った指導案

Check 私の国語教室では「あらすじ」を段階的に教えている。

1・2年生段階	**【場面の短文化】** ○「だれ」が、「いつ」、「どこで」、「した・思った」
3・4年生段階	**【「あらすじ」①】** ●「あらすじ」＝物語の内容を短くまとめた文章 ○ 場面ごとに、なるべく短い「一文」で表現 ＊大切なこと（時・場・人物）を落とさず
5・6年生段階	**【「あらすじ」②】** ○基本四場面の構成を踏まえた短い文章。特に、クライマックス場面における「あることの大きな変化」を中心にまとめる。

んで、「これくらい入れなきゃ」と思えるあらすじをつくる。先ほど話に出た第二次の終わりのあらすじと同じですね。

この二つを意識できたらいいのではないか、と思います。

紹介するときは、あらすじのどこまでを言った方がいいか？という発想に立つと指導もしやすいし、子どもの理解も進みます。人に紹介するとなると、おのずといちばん大事なクライマックス場面を意識することになる。そして、クライマックス場面を含めたあらすじをつくったうえで、紹介するときにはあえてクライマックス場面を外すようになる。大事なところを言っちゃったら、聞いた人が読みたくなくなってしまうから。

どんなお話でしょうか、というときも、クライマックス場面の直前で止めるということ。そのほうが、あらすじを読んだ人が、お話を読んでみたいと思う。これはクライマックス場面を意識することにもつながります。

段階に応じて、内容もねらいも違ったあらすじまとめが必要になるのだろうと、その日の討論も白熱しました。

机上の理想論より、明日の授業こそすべての授業者たち、子どもたちに国語の力をつけようと必死に奮闘される先生方との触れ合いは、私にとって大きな刺激、励みになっています。ぜひ、みなさんもご一緒に学び合いましょう。

これだけはおさえよう！

最低限こんなお話といえるレベルのあらすじと、
人物の心情の変容までも入れ込んだあらすじ。
この二つのあらすじを意識すると
指導が変わります。

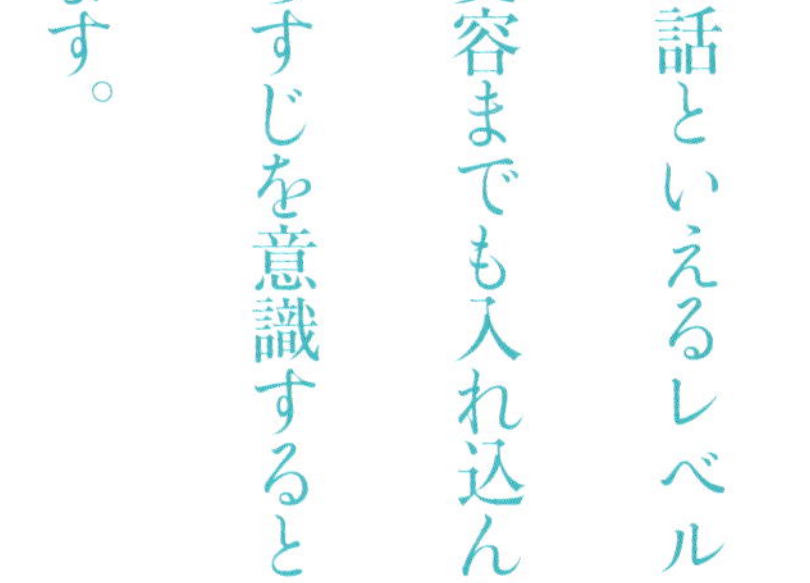

Q-8

作品の視点ってなんですか？

視点とか視点人物とかいいますが、「視点」っていったいなんですか？視点を知っておくとどんなことがいいのですか？

Q-8

作品の視点ってなんですか？

Check 私の国語教室では「表現」について、次のように段階的に教えている。

1・2年生段階	**【「会話文」と「地の文」】** ●かぎかっこで示している人物の言葉を「会話文」といい、他のところを「地の文」という。
3・4年生段階	**【描写】** ●「描写」＝物語の書き方の技の一つ。読み手が場面を生き生きと具体的にイメージできるように、人物の気持ちや行動、自然や事物などを見えたとおりに、また感じたままに描くこと。
5・6年生段階	**【情景描写】** ●「情景」＝風景や様子。登場人物の気持ちと一体化して描かれる。 ○「人物の見たもの」「人物の聞いた音や声」「におい」「手触り」などがわかる言葉や文を見つけていくと、その情景が目に浮かぶ。

視点ってなんですか？

子どもに教えるかどうかは別にして、我々教師が教材研究する際に大切にしたいのが「視点」です。

視点は、読者が作品を読み進め、作品世界を想像する際の決定的な要素といえます。なぜなら、物語では設定された視点人物（話者によって心情が詳しく描かれる人物）の変容を軸に作品が描かれるからです。

さらに、視点人物の思いが地の文にも表れるからです。つまり、教材研究するには、視点人物の思いを、地の文からも解釈する必要があるのです。

まず、視点には何があるか、からお話ししましょう。

①一人称視点　「私」視点

②三人称視点

一人称視点の物語は、「私・僕」というように「私」が語り手＝話者となって物語が進められます。教科書教材でいえば『だいじょうぶ　だいじょうぶ』『やい、トカゲ』『カレーライス』『ヒロシマのうた』などが挙げられます。

一人称視点で書かれるのは、私が見たこと、したこと、感じたこと。すなわち、私の思いがたくさん書かれるのが一人称視点の特徴です。

物語には、三人称視点の物語が多数あります。三人称視点は、

①限定視点
②客観視点
③全知視点

の三つに分けられます。

ちなみに二人称視点はありません。

三人称視点ってなんですか？

「三人称」という用語は小学校の学習指導要領では一切出てきません。

先ほどお話したように、一人称視点は物語全体が「私」視点で書かれています。私の見た世界で書き進められるという特徴をもっており、話者、語り手である「私」が見たり、聞いたり、思ったりしたことを書く。裏返せば、「私」の見たこと、聞いたこと、思ったことしか書けません。

一方、三人称視点では、基本的に話者の「私」が登場人物として登場しません。

全ての物語には話者がいます。三人称視点の物語でも、もちろん話者がいて、話者＝語り手が語り進めるのですが、その際、誰の心を描きながら語り進めていくかが重要になります。

誰の心を描くか、心を描かれる人物（視点人物）が誰かによって、三人称視点は三つに分けられる。それが、限定視点、客観視点、全知視点です。

一人称視点の視点人物は「私」ですが、三人称視点の視点人物は作品によって違います。

Q-8 作品の視点ってなんですか？

Check 私の国語教室では「表現」について、次のように段階的に教えている。

3・4年生段階	**【誰の目・誰の立場から】** ○どの人物の目から見たように、他の人物や出来事が描かれているか。
5・6年生段階	**【「物語の語り手」】** ●「語り手」（話者）＝物語全体を語り進める人。（一人称・三人称視点） ○どの人物に寄り添い、誰の心の中を描きつつ物語を語り進めているか。

①限定視点は、話者が特定の人物の心を直接描く。話者が決められた人物の心の中に入って、「…と思いました」「悲しくなりました」と直接その人の心を描きます。

②客観視点は、誰の心も直接描かない。「…と思いました」「悲しくなりました」という表現はありません。

③全知視点は、話者が主な人物、みんなの心を直接描く。つまり、AもBもCも全部の心を描くのが特徴です。

子どもたちに物語を書かせる際、視点を意識しないで書かせると、次のような文章を書きます。

「教室に入ったA子は花を見て美しいと思った。そのとき、同じ花を見ていたB子はやはり美しいと思った。C子は汚い色の花だなと思った」

これは何視点か？　ある場面でA子の心もB子の心もC子の心もみんな書いているから全知視点になります。こういう物語は、実はつまらないんですね。

同じ場面を「教室に入ったA子は花を見て美しいと思った。そのとき、同じ花を見ていたB子はほほえんだ。C子は花を見るとプイと顔をそむけた」と書く。これが限定視点です。A子の心は描くけれど、ほかの人の心は描かない。ただ、直接書かない代わりに、表情や行動で表そうと工夫をすることになります。なんでもかんでも心を書いてしまうと、見えてしまってつまらない。これが文学的表現の工夫ということです。

客観視点の場合は全部書けないから難しいですよ。

「教室に入ったA子は花を見てニコっと笑った。そのとき、同じ花を見たB子もほほえんだ。C子は花を見るとプイと顔をそむけた」のように、心を書かない代わりに表情や表現に工夫をすることになります。

視点人物って何？

心を直接描かれる側の人物を「視点人物」といい、話者は視点人物とともにいます。ときどきその人の中に入り、ときどきその人の目になり、ときどきその人の聞いたことを耳にし、いつもその人に寄り添いながら、話者は物語を語りすすめていく。この「その人」こそが視点人物です。

何度も言うように、物語は変容を描くものだから、視点人物の変容こそが物語になります。だからこそ、描かれている人物をおさえながら読んでいくことが読みの基本になるのです。

『ごんぎつね』でいうと、人物は、兵十、ごん、加助。みんな重要な人物です。けれど、視点人物は誰かというと、ごんになります。物語には直接登場しない「話者（語り手）」が、視点人物である「ごん」の心の中を描きながら、物語を語り進めていく。したがって、「ごん」の言動、心情の変化が軸になって出来事が展開します。

『海のいのち』は、完璧な視点人物「太一」です。『海のいのち』では太一以外に、母と与吉じいさも大事な人物です。でも、太一を視点人物としているから、母の気持ちも、与吉じいさの気持ちも直接的には一切書きません。書けないのです。

心を描かれるということは、常に語り手＝話者は、視点人物と行動を共にすることになります。話者は、視点人物とともにいて、そしてときどき視点人物の心の中に入って、「悲

しい」と言わせて、また外に出て、一緒になって何かを見たり、聞いたりする。話者が常に寄り添っているのが視点人物です。

視点人物を決めた限り、視点人物が見えないものは書けないことになります。つまり視点人物が海にいたら、町にいる友達の様子は書いてはいけない。視点人物が見たものしか書けない。町の様子を書くとしたら、場面を変えて町に行って書くしかないのです。

視点人物を意識すると読みが変わるの？

例えば『ごんぎつね』は、視点人物ごんの気持ちを描きながら物語を書きすすめています。話者が、ある決められた人物(ごん)の心にしか入らない物語。三人称限定視点の物語です。話者が、視点人物であるごんの気持ちの中に入りこんで、ごんは何々と思いました、と書く。ごんの見たもの、聞いたものを書く。だから、必ずしも常にごんの中に入りこんでいるのではなくて、ごんと行動をともにしながら、ときどきごんの中に入りこんで、悲しくなったとか、ごんが感じていることをわれわれは知る。でも、ごんが知らない世界、見えないところは一切書けません。これが視点人物を決めるということです。

視点人物がごんだから、「そのころ兵十は葬式の準備をしていました。兵十は位牌を持ちながら、こんなことを思っていました。カーンと鐘が鳴ったので、兵十は墓地のほうに向かって歩いて行きました。するとごんは墓地のところにいて、葬列がやってくるのを見ました」ということはあり得ないのです。

ごんが様子を見ることによって、「ああ、死んだのは兵十のおっかあだ」とわかるという書き方になるのです。

『ごんぎつね』は、ごんが視点人物だとして読むと、物語の読みが変わってきます。

例えば葬式の場面で、カーンカーンと鐘の音が聞こえる、おしろの屋根瓦が光っている、……と書かれます。この地の文で書かれていることは何か？　ごんが見ているものを書いている。ごんが聞いている音を書いているのです。

ほかにもたくさんのものが見え、たくさんの音が聞こえている中から、語り手はあえて、その音を書き、見えている情景を書いています。あえて書いている限り、そこには意味がある。なにげなく書かれた情景が視点人物の気持ちさえも表している、ということです。

「彼岸花が赤いきれのように咲き続いていました。」というのも、実はごんが見ている光景で、その中を白い裃をつけた兵十がやってくる。そう書くことで「悲しみ」や「不安」が表現されています。

彼岸花は毒をもった花です。そもそも、死骸を動物に食い荒らされないようにするために、墓地のまわりに毒のある花として植えている。不吉なイメージも強い花です。赤い彼岸花がきれのように咲き続いている、その花を葬列が踏み折りながら進んでいく……なんとなく不吉なモノを予感させる情景でしょう？　最後の死を暗示しています。

つまり、ごんが見ている風景、ごんが聞いている音。情景描写とは、視点人物を意識しない限り、見えないし、読めないのです。

作品の中で視点が変わることもあるの？

『ごんぎつね』では、最後の⑧場面だけ視点人物が変わります。ごんから兵十に視点人物がかわる。「こないだ、うなぎをぬすみやがったあのごんぎつねめが、またいたずらをしに来たな。『ようし。』」と、最後の場面で、それまで描かれていなかった兵十の心が描かれるのです。視点人物を変えない限り、あの表現はあり得ない。視点人物が変わったな、

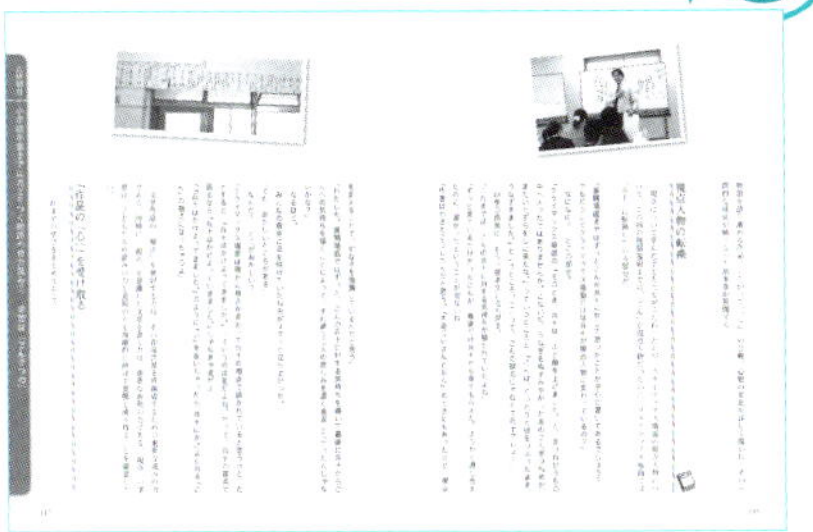

一日講座シリーズ2『物語授業づくり一日講座』（P116～117）

この⑧場面だけは視点人物が兵十か、という考えで意識します。そこまで書いてきたごんの気持ちが、最後の場面だけは描かれない。

「ごんは、ぐったりと目をつぶったまま、うなずきました。」とあるから、ごんの気持ちが勝負になる。視点人物をあえて転換するのはこの物語の特徴だし、名作たる一つの理由だと思います（『ごんぎつね』の視点の転換は、一日講座シリーズ2『物語授業づくり一日講座』（文溪堂刊）に詳しい）。

その観点で読むと、『大造じいさんとがん』の視点はどうなるでしょうか？

『大造じいさんとがん』は、典型的な限定視点で、視点人物は大造じいさんという読みで、読み進めると、「秋の日が美しくかがやいていました。」「あかつきの光が、小屋の中に、すがすがしく流れこんできました。」「東の空が真っ赤にもえて、朝が来ました。」と感じているのは大造じいさんということになります。情景描写は視点人物の心を表しているから。

地の文ではじいさんの見たもの、気持ちも時おり描きながら、ずっと語っています。

ところが視点人物が転換される部分がある。⑦場面の後半を見てみましょう。

> 大造じいさんは、ぐっと、じゅうをかたに当てて、残雪をねらいました。が、何と思ったか、また、じゅうを下ろしてしまいました。
>
> 残雪の目には、人間もはやぶさもありませんでした。ただ救わねばならぬ、仲間のすがたがあるだけでした。いきなり、敵にぶつかっていきました。そして、あの大きな羽で、力いっぱい相手をなぐりつけました。
>
> 不意を打たれて、さすがのはやぶさも、空中でふらふらとよろめきました。が、はやぶさもさるものです。さっと体勢を整えると、残雪のむなもとに飛びこみました。

「が、何と思ったか、」と書いている。なぜか？

話者は、視点人物の心の中にも入れるのだから、ここで大造じいさんの心の内を書くことができるはずです。それをあえてしないで、視点人物を転換している。

すると、我々読者は残雪とともに空中にいることになるんですね。視点人物を大造じいさんから残雪に転換することで、地上からでは見えない空中戦を克明に描き出す。我々読者も残雪と一緒になって、空中で闘っているのです。「残雪の目には」というのは、残雪の心の中に入り込んでいることを表しています。話者は、ときに残雪の心の中に入りつつ、残雪のすぐそばで、残雪とはやぶさの闘いを描いていくのです。

だから、残雪を人物にしたくなる気持ちはここで生まれるんですね。人物を検討したときに、なんだか残雪に人間性を感じる、「人物」として扱いたくなる、という話をした（49ページ）のは、この視点人物の転換があるから。視点を変えられたからです。

よく、教材研究で「なんと思ったか」を取り上げて、「どう思ったのでしょう」と考えさせる授業があります。その検討はやってもいいですが、この「何と思ったか」は視点の転換のための表現である、ととらえたほうがスッキリすると思います。「何と思ったか」をクライマックスの一文ととらえ、ここには深い意味があるに違いない、といった授業を行う方もいますが、ここは作品の表現上の技法としてとらえるべきでしょう。

視点を残雪に移すことによって、「残雪の目には、人間もはやぶさもありませんでした。ただ救わねばならぬ、仲間のすがたがあるだけでした。」という表現が生きるし、読者は残雪と一緒に空中で闘いを見ることにもなるからです。

視点人物が転換するのは、小学校では主要教材の『ごんぎつね』の最後のところと、『大造じいさんとがん』のおとりのがんを助けるこの場面。

ただし、視点人物の転換については小学校レベルでは、あまり深入りしないほうがいいでしょう。基本は視点人物を決めて、その目線で描かれるというようにとらえるといい。視点人物を意識して物語を読み直すと、誰かの気持ちを描き、その人の見たこと、感じたことを中心に物語が展開していくととらえておけば十分だと思います。

客観視点と全知視点の物語は？

では『世界でいちばんやかましい音』の視点人物は誰でしょう？物語ではギャオギャオ王子の気持ちも描かれるし、王様の気持ちも描かれる。どこかの村のおかみさんも含め、全ての人物が描かれます。これが数少ない、「三人称全知視点」です。先ほど全知視点は子どものつくる物語のようで、つまらない、と言いましたが、『世界でいちばんやかましい音』はあえて全知視点を採っています。全知視点を採ることで、単なるギャオギャオ王子の変容ではなくて、町全体、全ての人物の変容が描かれるという作品上の特徴がうまく出ていると思います。

こんなふうに見ていくと、作品を読むときに視点を意識するようになってきます。

視点人物を意識すると、地の文が別に見えてくるからおもしろい。地の文が人物の心情表現に見えてくるようになりますよ。

限定視点、全知視点はよろしいでしょうか？　となると、最後に残るのが客観視点です。

客観視点というのがいちばん難しい。つまり、客観だから、誰も視点人物がいないんです。そんな物語はどうするのか。心に入れる人物がいないから、思いが一切語られない物語になります。「……はこう思いました」「悲しい気持ちになりました」とは書けないから、行為で気持ちを表現することになります。「にっこりほほえみました」とか「大きく手を振

りました」とか、行為、行動で気持ちを表現します。あるいは「……と悟られまいと思ったのでしょうか」というように推定で書くんですね。

教科書教材では、客観視点もほとんどありません。よく知られた教材としては『一つの花』くらい。そのほかには、あえていうなら、心情表現のない『おおきなかぶ』。出来事しか書いていないですから、『おおきなかぶ』は客観視点といってもいいですね。

視点を子どもにどう教えるの？

視点を子どもに教えるのは難しいかもしれませんが、教師が教材研究しておくうえで、とても大切な観点になります。視点を意識して読むと、いままで見えなかったものが見えてきます。さりげない地の文が、人物の心情を表していることが感じられます。

視点人物の思いが込められているのが情景です。情景は、単なる風景とは異なります。視点人物を無視して情景はあり得ないということを覚えておいてください。

『大造じいさんとがん』の勝負の朝、「東の空が真っ赤に燃えて」といった表現も、朝焼けの情景を、視点人物（大造じいさん）の気持ちを込めて描いているのです。視点人物（大造じいさん）の、これから始まる闘いに対する、ワクワクとかドキドキといった気持ちさえ、地の文に表れているという読み方をします。

視点人物は大造じいさんだから、「真っ赤に燃えている」と感じたのは、これから始まる闘いに対する高揚している気持ちだ、というように読むと、妥当な読みになります。

視点人物を意識して読むと、「勘で読む」、「なんとなく読む」のとは異なり、妥当な読みができるのです。視点人物を意識して読むことはきわめて重要な解釈の観点になります。子どもに教える、教えないは別問題として知っておいていただきたいと思います。

これだけはおさえよう!

視点人物を意識して読むと、
物語の読みが変わる。
「勘で読む」、「なんとなく読む」ではなく、
妥当な読みができる。
教材研究するには、視点人物の思いを、
地の文からも解釈する必要がある。

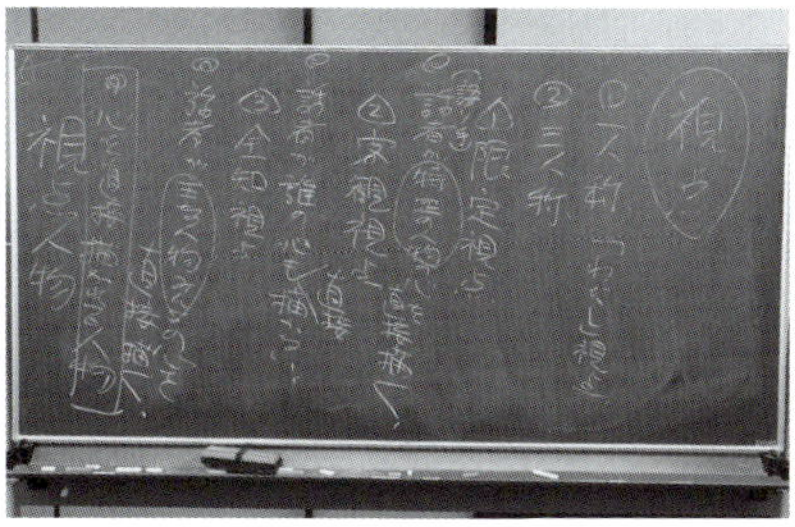

これも教えて！

物語を読むときは作者を意識しなくていいんですか？例えば「ごんぎつね」を読むとき、新美南吉を知っている必要はないんですか？

物語の読みに基本的には、「作者」はいりません。南吉であろうが賢治であろうが、物語を読むという本質には関係ないのです。

作者がつくった作品世界を我々が精いっぱい読む、言葉をしっかり読んだうえで、強く受け取ることは何だろうと、考えることが大事なのですから。

言いかえれば、物語の教材解釈は、物語に書かれている言葉のみを詳細に検討し、自らの内に作品世界をつくり上げる作業ともいえます。ですから、作者の生い立ちや生育環境、風土を調べたりすることではないのです。書かれた言葉のみを根拠に読み解いていくのであって、物語には作者意識は邪魔というのが大前提です。

でも、説明文では筆者意識が重要です。筆者が伝えたいことを考えるとき、この筆者はどんな人なんだろう、ということも含めて読むことになりますから。

物語に作者意識は必要ない…これが大前提です。ですが、作者を知らないで作品を読んだときの感想と、作者を知ったうえで物語を読んだときの感想は変わります。実際、南吉の人生を知ったうえで読むと、読みが変わってきます。『ごんぎつね』にも南吉の生い立ち、母の愛情に飢えていたといわれる、せつなさがにじみ出ていますからね。

作者の情報が大事な読みの観点になることもあります。作者のことを知っておくことも読みを深めるために大事だ、というのは事実でもあり、それもまた物語を読むときのおもしろさの一つでもあります。

例えば、子どもたちになぜクライマックス場面を教えるか。どこかでクライマックス場面を教えると「ああ、そうなのか」と物語の読みが変わるでしょう？　クライマックス場面を知らなく

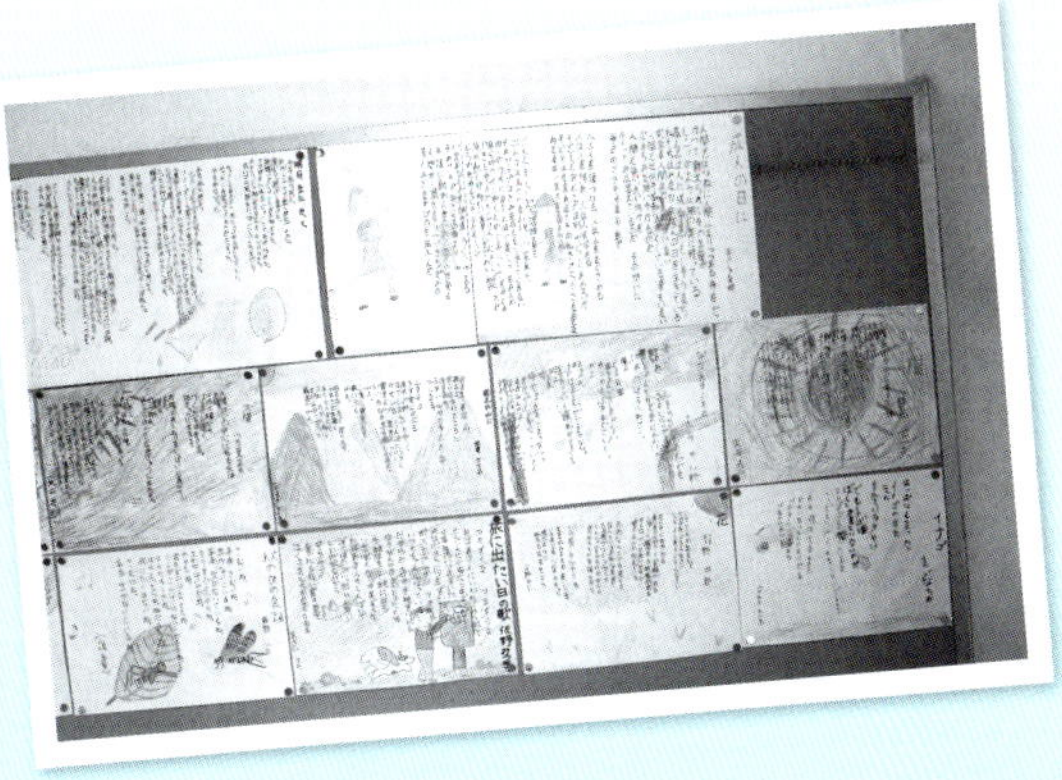

ても物語は読めるし、感想ももてるけれど、知ってから読むと、また読みが変わってきます。つまり、ある観点を新たに学んだうえで読むと、感想が変わるのです。

それと同じレベルで、作者という観点を教えることはあってもいい。作者をわかったうえで読むと、受け取り方が変わります。例えば、宮沢賢治の伝記を読んだうえで、賢治の物語を読むのと、伝記を読む前に読んだのとでは、物語の読みが変わります。新たな「作品の心」をもつこともできます。「おもしろいな、物語ってそういう読み方もあるのか」という読み方も一つとしてあるわけです。

実際、「作者を知って物語を読むとおもしろい」という読みを、我々大人はやっています。例えば、太宰治を知って太宰を読むとおもしろい。太宰の人生を知らずに読んでも読めるけれど、彼の人生を知ったうえで読むと読み方が変わります。作者の人生や思想を知ったうえで読むと、作品の受け取り方がおのずと変わってきます。

ただし、それを間違えてしまうと、作者を知ったほうが作品を深く読み解けるから「作者を教えてしまおう」になってしまう。作品を読んで、正解としての作者の思想や価値観を教えるような授業になってしまうのは怖いことだと思います。

ですから高学年になった子どもたちに、プラスαの読みの観点として「作者情報を教える」ことはあってもいいですが、四年の『ごんぎつね』を読む段階では、子どもたちは新美南吉を知らずに読む。それでいいのです。

作者の情報が大事な読みの観点になることもあります。でも、四年の『ごんぎつね』を読む段階では、子どもたちは新美南吉を知らずに読む。それでいいのです。

Q-9

オンリーワンの問いってなんですか？

国語の授業では発問が大事だといわれます。単元の主発問、中心発問ってなんですか？どんな発問をすればいいのですか？

Q-9 オンリーワンの問いってなんですか？

「読みの問い」ってなんですか？

物語の読み方として、四つの基本場面をおさえさせると同時に、我々は「読みの問い」を意識しないといけません。

「クライマックス場面はここだ」と思ったときに、おのずと物語は読者に課題を発します。つまり物語自身が問いかけてくる。これが「読みの問い」です。

読みの問い（教師側からすれば発問、子どもたちからしたら、自分がもつ問い）は、次のようにまとめられます。

①何が変わったのか？
②どのように変わったのか？
③どうして変わったのか？

私が基本に置くことは、この三つです。

何が変わったか、どのように変わったか、どうして変わったのか？　それは「クライマックス場面」を意識しているからこそ生まれる発問です。

『おおきなかぶ』を例に話しましょう。

『おおきなかぶ』の「クライマックス場面」は⑦場面。あそこで大きく何かが変わる。『おおきなかぶ』には「前ばなし」も「あとばなし」もありません。でも「クライマックス場面」はあります。

最も大きく変わったのは⑦だね。クライマックス場面は⑦以外にはない。じゃあ、みんなで考えてみよう。何が変わったのかな？

「かぶが抜けた」
どのように変わった？
「ずっと抜けなかったかぶが抜けた」
そうだね。抜けなかったかぶが抜けたんだね。

何を問うの？　なんて問うの？

するといちばん重要な問いは、③どうして変わったのか、になる。『おおきなかぶ』でいったら「なぜ、かぶは抜けたのか？」という発問になります。

読みの問いは、「クライマックス場面」を意識したら生まれる、と言いました。『おおきなかぶ』でいえば、①何が変わったか、②どのように変わったのか、は、子どもにとっても簡単です。ところが、③どうして変わったのか、は考えないと答えられない。だから、この問いを話題として子どもたちに投げかけるのです。

これは教室用語で言うと「単元の主発問」または「中心発問」。単元を通して、この発問で子どもが読みをもつことがきわめて重要だという発問のことを言います。私は「オンリーワンの問い」と言っています。

『おおきなかぶ』で、たった一つ、もし子どもたちに発するならば、その問いとは何だ、と一生懸命に考える。これが「オンリーワンの問い」です。

たった一つですよ。もちろん、その前にいろいろな学習は必要です。大きな流れをつかむために、「場面はいくつ」といった学習はしている。音読もする。そのうえで、問いとしてたった一つ投げかけるとしたら、『おおきなかぶ』だったら、何になるだろうか？

たった一つ、オンリーワンの問いを「何が」「どのように」「どうして」変わったのかとい

う基本の問いに戻りつつ、考えるのです。

繰り返しになりますが、『おおきなかぶ』では、①何が変わったのか、②どのように変わったのか、はすぐ言える。でも、③どうして変わったのか、は作品全体を読まないと答えられないでしょう？　だからこそ、これがオンリーワンの発問になります。だから必ず子どもたちに問わなければいけない。『おおきなかぶ』を読んだ、というためには、「なぜ抜けたのか」という読みをもたせなければいけない。これが、物語の授業づくりなのです。

実際の授業では？

なぜ抜けたの？

「みんなで力を合わせたから！」

「そうそう、みんなで協力したから抜けた！」

ちょっと待って。みんなって誰？

サーッと流してはいけません。ここで「みんな」がちゃんと言えないといけない。

「おじいさんがいて、おばあさん、まご、いぬ、ねこ、ねずみ」

「三人と三びき」

「三人と三びきが力を合わせたから抜けた」

力を合わせた？　どうして力を合わせたって言えるの？

ここもサーッと流さない。切り返すんですよ。すぐに教師が納得してはいけない。ものわかりのいい先生になってはいけません。

どうして力を合わせたと言えるのか。もう一度考えてみよう。
「みんなでつながって、ひっぱって、ひっぱって、でしょ？」
「だから力を合わせたって言える」
「『うんとこしょ、どっこいしょ』ってみんなでかけ声を合わせているから、力を合わせていると言えると思う」

言葉に戻して「どうして」を言わせることが必要です。みんなが、「うんとこしょ、どっこいしょ」とかけ声をかけながら、力を合わせてひっぱったから抜けたんだ、と再度学級全体で確認します。

でも、そこで終わってはだめ。まだ読んでいない。

力を合わせてひっぱったから、ということを言葉に戻し、作品に戻して、場面展開を追わせ、みんなが、「うんとこしょ、どっこいしょ」を意識して、力を合わせてひっぱったから抜けたんだ、と再度学級全体で確認するだけで終わっては、見えていることをもう一回確かめ合ったにすぎません。

言いかえれば、「力を合わせた」レベルならまとまるのです。でも、ここで子どもたちに見させなければいけないのは何か？〝見えていないことを見させないといけない〟のが授業だから、そこで納得してはいけないのです。

どんな順番で三人と三びきの人物は出てきたかなぁ？
「おじいさんがいて、おばあさん、まご、いぬ、ねこ、ねずみ」
あれ？　どんな順番だ？
「大きさがだんだん小さくなる！」

Q-9 オンリーワンの問いってなんですか？

ほんとうだね。からだの大きさがだんだん小さくなっている。からだの大きさが小さいということは？

「力も小さい！」

そうなんだ、力もだんだんと小さくなっている。いちばん最後に加わったのは、ねずみさんだ。ねずみはからだも小さくて、力も弱い。でも、その力の弱いねずみさんがもしいなければ？

「かぶは抜けなかった！」

「小さなねずみさんの力も、ものすごく大切だったんだね」

「小さなねずみさんがいなければ、大きなかぶは抜けなかったんだね！」

順番に注目させると、からだの大きさだけでなく、誰が誰を呼んだか、ということに気づく子どもも出てきます。「みんなが力を合わせたから」だけで終わらず、「小さなねずみの力があったから」ということが大切になってくるのです。

「いぬはねこを呼ぶ。ねこはねずみを呼んでいるよ」

「いぬとねこって仲良くないよね。嫌い同士だよ」

「ねずみは、ねこに食べられることもあるから、大嫌いだと思う」

「でも、ねこはいぬに呼ばれて一緒にひっぱっているし、ねずみもねこに呼ばれて一緒にひっぱっているよ」

「それで抜けたんだね。嫌いな人でも一緒になって抜いたから、かぶが抜けたんだね」

「力を合わせた」だけで終わらせずに、力を合わせた中身、見えていない部分を深く見せることで、作品の読みができてきます。

『おおきなかぶ』は人物が大事でした。人物で場面が変わっていた。人物が出てくる順番、どのような人物がどのような順番で出てくるかが、この物語にとって、きわめて大事なのです。

我々教師がすべきこととは?

最初の読みでは、力を合わせることが、「作品の心」のようになってしまいます。このレベルで子どもたちに「いちばん心に強く残ったことをまとめてごらん」と言うと、「みんなで力を合わせることは大事」とか、「みんなで力を合わせると、大きなことができる」とか、「一人ひとりがみんな大事」とか言う。それはそれでいい。そういった読みの方向で、子どもたちはそれぞれに「作品の心」をまとめようとするでしょう。

でも、出てくる順番を問うことで、「作品の心」が変わらないでしょうか? 「小さなものでも尊い」とか「好き嫌いを超えて、みんなで協力すると大きなことが成し遂げられる」とか、そこまで行くでしょう? 行くというか、作品の方向性をさまざまに見せてやることで、幅が広がる。もちろん、物語から受け取る「作品の心」は自由、さまざまであっていい。でも、見えないものは受け取れないから、我々教師は見せてやらないといけないのです。

〝見えないものを見させてやる〟のが物語の授業だと思います。

『おおきなかぶ』を一年生で取り上げる場合に、どこまで踏み込むかは別です。ただ、物語は多様だから、読者にとってさまざまな「作品の心」の受け取り方があっていいということです。さまざまに考えられる読みの方向性のうち、どこまでを子どもたちに見せるかはクラスの実情によって違いますが、少なくとも、その多様な方向性の読みを、教師は

しておきたいということです。

多様な方向性の読みって何？

ある読みで学びが終わってしまっては、その読みでしか「作品の心」は受け取れません。例えば、かつて教科書に必ず掲載されていた「平和教材」と類される文学作品について、「戦争反対」、「平和は尊い」という読みの方向性があります。その方向性が、作者自身が明らかにしている主題と合致していたとしても、その方向に向かうだけの授業をしてしまったら、子どもたちはその方向性の中で「作品の心」を受け取ることは明らかです。

ところが、観点を変えれば、「平和教材」と類される作品であっても、そこから「親子の愛情」や「悲しみから立ち上がろうとする強さ」といった「作品の心」を受け取る読みもあってもいい。もし、子どもが多様な角度から授業の中で読んだとすれば、受け取るものも多様になります。

つまり、子どもたちに授業の中で多様な方向性を見させてあげて、気づかせて、そのうえで「あなたが受け取る『作品の心』は何？」と考えさせることが、物語を読むゴールだと思います。

我々の教材研究も、一つの正解を見つけることではなくて、さまざまな読みの方向性を見いだすことにあります。

「二瓶の読みはこうだ」とおしつけるのではなく、もう一人の二瓶は「作品の心」をこういう方向性で、さらにもう一人の二瓶はこういう方向性で、と教師は多様な教材解釈をしておく必要がある。そして、子どもの読みの実態を見て、子どもの発達段階に合わせて、見せるものを変えることが求められると思います。

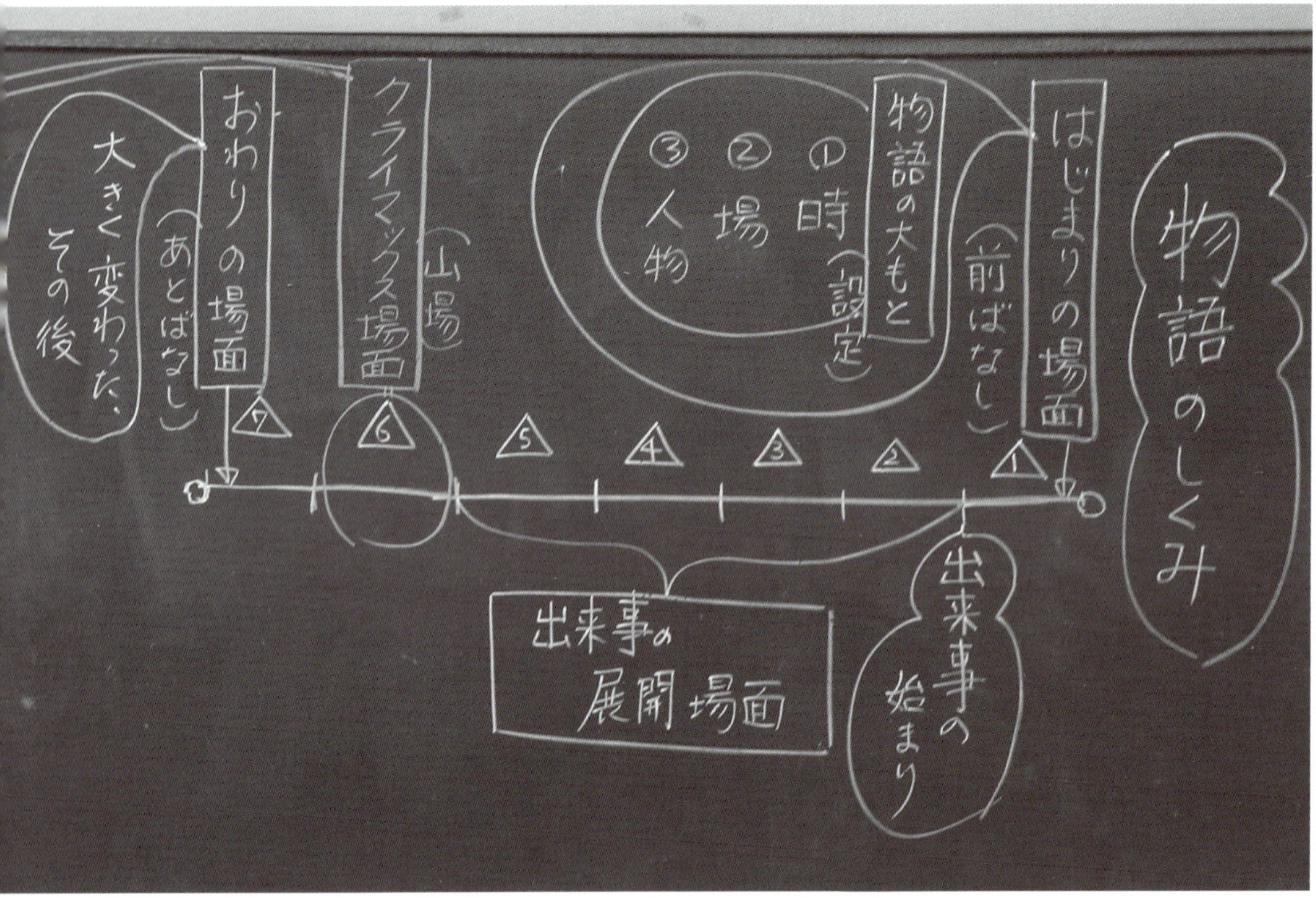

オンリーワンの問いって何？

『おおきなかぶ』を例にお話したように、オンリーワンの問いとは、「たった一つしか発問できないとすれば、いったいどういう発問になるだろう」というものです。単元の中心話題は、クライマックス場面から考えればいいのです。

言いかえれば、「何が、どのように、どうして変わったか」が明らかになる発問です。そのオンリーワンの問いが大きく提示されることで、自分のクラスの子どもたちが、しっかりと自分の問題として受け止めることのできる問いです。

自分の読みをもつために、この場面ではこういう課題で読む、この場面ではこういう課題で読む、というように課題が必要になってきます。そういう読みの過程をつくり出す、大きな問いがオンリーワンの問いです。

オンリーワンの問いは、本来は、「何が、どのように、どうして変わったのか」という問いそのものであり、教師が考えなくてもおのずから生まれてくるものです。でも、この発問はあまりにも大きいから、そのまま子どもにぶつけても無理なのです。

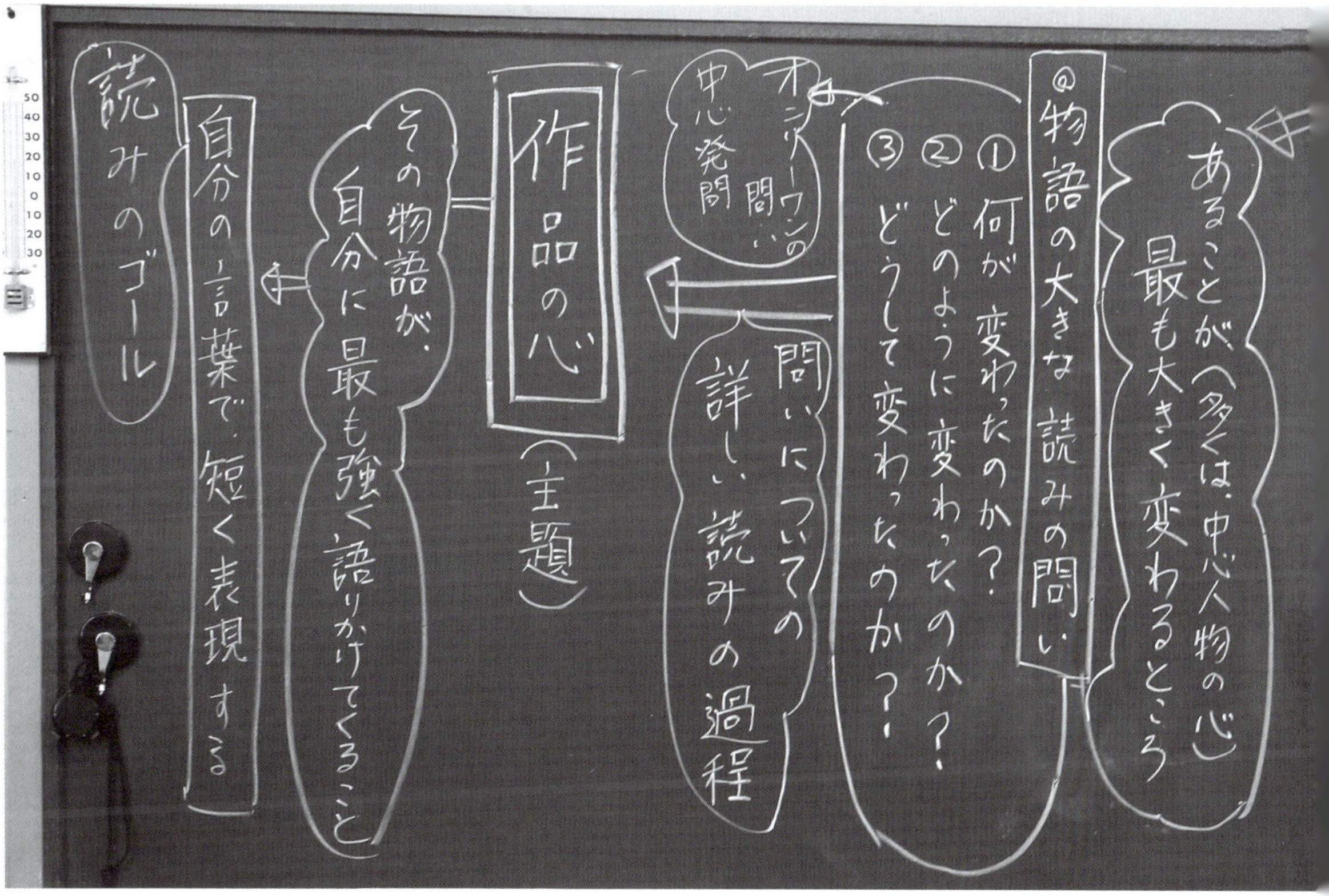
あることが、（多くは、中心人物の心）最も大きく変わるところ
＠物語の大きな読みの問い
①何が変わったのか？
②どのように変わったのか？
③どうして変わったのか？
オンリーワンの問い
中心発問
問いについての詳しい読みの過程
作品の心
（主題）
その物語が、自分に最も強く語りかけてくること
自分の言葉で、短く表現する
読みのゴール

例えば四年生の段階では、まだ発問が必要です。「何が、どのように、どうして変わったのか」という問いを、そのままぶつけるわけにはいかない。『ごんぎつね』の段階ではまだなのです。だからこそ、教材解釈をもとにして、我々が中心となる話題、「オンリーワンの問い」を設定する必要があります。

『ごんぎつね』は第八の場面がクライマックス場面です。読みの問いをもって、改めて考えてみましょう。クライマックス場面で、火縄銃で撃たれ、「ごん、おまえだったのか」と言われてコクンとうなずくごんがいる。火縄銃を取り落とす兵十がいる。改めて考えるんですよ。何が変わったのか？

①何が変わったのか？　ごんが変わった物語なのか、それとも兵十か、とも考えたりする。

②どのように変わったのか？　「どのように」と言われると、クライマックス場面までのごんを読まないとわからない。兵十を読んだうえで、「どのように」が言える。

①何が変わったか、②どのように変わったか、③どうして変わったのか、も含めて、うなずくごんこそが勝負です。

だから、「うなずくごんはどんな思いだったのか」を、単元の中心発問にします。多くの先行実践もこれを主発問にしています。なぜなら、必然性をもっている問いだから。読みの問いに関わる重要な発問がうなずくごんの読みだから。

そこで私が発問するのは「うなずくごんはほほえみか？　それとも涙目か？」です。「ほほえみか涙目か」を一生懸命考えるということは、この問いに対する読みを作品全体からもたざるを得ない発問だからです。

オンリーワンの問い＝中心発問は、教材研究をすれば必然的に生まれてきます。教材研究をしていて、「あ、これが中心発問になりうるな」ということが見えてくるはずです。中心発問プラス重要発問もいくつか生まれてきます。

つまり、「なんでかぶが抜けたんだろう」と言いながら、「どういう順番に出てきたんだろう」ということを問うでしょう？　このように派生する重要課題はおのずと生まれてくるものなのです。中心発問プラス、その中心発問のための重要発問が出てきます。

中心発問のための重要発問って？

別の考え方をすると、一年生だったら『おおきなかぶ』で、どうして抜けたのかな、という質問を最後に投げかけるのです。五時間で組んだら五時間目に。すると、どうして抜けたのか、ということを子どもが考えられるベース、前に戻れるところをつくっておかないといけなくなる。人物がこういう順番に出てきたことと関係がないかな、というように読める子を育てるには「どうして抜けたのか」の前に、どこかの段階で「どんな順番で人物が出てきたのか」をしっかりおさえておかないといけなくなる。

そういえばあんな順番に出てきたよ、と読みをつくれる子を思い描きながら、五時間で

単元を組むのなら、二時間目にどのような人物がどのような順番で出てきたかを、意識しておさえておく。それが、五時間目に効いてきます。どうして抜けたのかな、と改めて聞かれたときに、「そういえば大事なことを勉強したみたい」と振り返って、学んできた読みをつなげて「だってね、…」と言える子が育つのです。

『ごんぎつね』も、「撃たれてうなずくごんはほほえみだったのか、涙目だったのか」という中心発問を発したときに、四十人が読みをもてるためには、読んでおかなければならない場面があります。つまり、つなげられる場面をしっかりとおさえておくのが、それまでの授業になるのです。

二時間目、三時間目、四時間目、五時間目とおさえるべき場面のごんがいて、そのうえで、単元の終末で発するのです。「うなずくごんを考えよう」と。

子どもたちは学んできた読みをつなげるのです。うなづくごんに……というのが読みの読解単元をつくるということです。教師がそのように意識すれば、どの場面で何を読むか、読ませたいか、がおのずと見えてきます。例えば、第三場面では、ごんの後悔を読んでおかなければいけない。第七場面で、「引き合わないな、神様のせいだなんて」と思うごんを読んでおかなければいけない。

その読みをしたうえで、「うなずくごんはほほえみだったのか、涙目だったのか」という発問を受けて、子どもたちは改めて前に戻るのです。この場面で、ごんはこんなふうに後悔しているでしょ。そのごんがね、この場面で「引き合わないな、神様のせいだなんて」と思ったあくる日にごんは、また届けたんでしょ、それで撃たれて「ごんおまえだったのか」と兵十に言ってもらえたじゃない、だからごんは……という言い方になる。

作品全体のさまざまなことをつなげながら、クライマックスのごんを読む。それが物語を読むということです。何もしないで、いきなりいまの発問で読めるなんていうのは、先

の先の先、きわめて高度な子どもたちです。でもいつか、そういう読みのできる子どもたちを育てたい、と私も夢みています。

『おおきなかぶ』で、「どうして抜けたのかな？」と言われて、一生懸命に考える子。「だって、出てくる順番が…」「嫌いな人でも…」と、前の学習がなくても、自分でつなげて、みんなでワイワイと読める子。それが究極。だからオンリーワンの問いなのです。でも、オンリーワンで読めるはずもないから、段階を追って、つながりを見つけて読めるようにするということ。段階を追って読みの力を身につけさせることで、いつかは自分で物語をつなげて読める子に育つのだと信じています。

子どもに確かな読みをさせるには？

振り返っておきましょう。

物語を大きくとらえる第一次段階の読みの学習（小さな場面分け、基本四場面でとらえる、あらすじをまとめる）の検討、さらに、物語の大もととなる「前ばなし」の三つの設定（時・場・人物）の確認をしておくのが基本です。

そのうえで、物語を大きくとらえた読みをもとにして詳細な読解に入るのです。このとき大事にしなければならないのは、なぜ詳しく読まなければならないのか、子どもに必然性を与えることです。

そのために私はいつも語っています。「最も心に強く残ったこと、すなわち『作品の心』をしっかり自分なりに受け止め、自分の言葉でまとめよう。それが詳しく、確かに読めたということだ」と。このことを何度も語り、子どもにしっかりと意識づけなければいけないのです。

さらに「クライマックス場面では何がどのように変わったのだろう。そしてもう一つ重要なのは、どうして変わったのだろう。この大きな問いで作品を読み直すことが『作品の心』を自分で受け取ることに直結するのだ」といつも子どもに教えています。

物語を読み返す過程で、この「作品の心」を受け取ることができる、それが物語を読むことだと子どもに伝えるのです。

あることが最も大きく変わる「クライマックス場面はここだ」と思ったときに、おのずと物語は読者に課題を発します。つまり物語自身が問いかけてくるのです。その問いに答えるために、「もう一回、自分なりに明確に読み直してみよう」ということになります。

クライマックス場面を把握することは、単に物語の構造をつかむだけではありません。読みの視点を決めることでもあります。このあと何をもとにして物語を読み返せばいいのか、このときの発問は十時間かける読みの中心に置かれるべきです。

六年生の三学期になったら、もう発問はいらないのです。おのずと生まれる問い、すなわち「何が、どのように、どうして変わったか」という大きな読みの問いにもとづいて、物語をもう一回読み直すようになる。まさしく自力読みです。

ところが現実には「問いをもって先を読み進めてごらんなさい」と言っても、読めない子がたくさんいます。発問課題を示さない限り、子どもは読めないのです。

だからこそ、発問課題、読みの問いはこちらが吟味し、ぶつけてあげなければいけないのです。常に我々は発問構成をクライマックス場面にもとづいて考えなければいけないと思います。

「作品の心」は、何がどうして、どのように変わったか、という大きな読みの問いで、作品全体を読み直し、読み深める中で、だんだんと見えてくるものです。「作品の心」は、

「作品の心」は、なんとなく読んでいるうちは見えてこない。自分で読みの問いをもち、読み進める中で見えてくるものだ。

なんとなく読んでいるうちは見えてこない。自分で読みの問いをもち、読み進める中で見えてくるものです。

読みの問いをもつことは、さほど難しいことではありません。クライマックス場面がここだな、と思ったら、①何が変わったのか、②どのように変わったのか、③どうして変わったのか、と考えて読んでみればいいのです。

さらにクライマックス場面を見つけることも難しいことではない。七場面の物語でいったら七つのうちのどこか、それも終わりのほうだと見当はつく。そして、ここがクライマックス場面だ、と思ったら、そこで読みの問いをもって読み直してみればいい。

読み直すことによって「作品の心」が見えてくる。それが「物語を読む」ということ。それを、高学年になったら、実際の物語を使って、だんだんと教えるのです。だんだんと教える。

だんだんと、すべての物語はクライマックス場面につながっているじゃないか、ということに気づかせていけということです。その積み重ねをしていくと、だんだんに自力読みができる子が育つ。「作品の心」を自分でなんとなくつかめるようになる。

何度か繰り返せば、手順はわかるはずです。物語全体を場面でとらえてみて、クライマックス場面はここだな、と自分でおさえてみる。クライマックス場面がここだとわかったら、大きな読みの問いをもって、自分で読み直してみればいい。そうする中で「作品の心」が見えてくるのです。

これだけは おさえよう!

「作品の心」は、何が、どうして、
どのように変わったか、
という大きな読みの問いで、作品全体を読み直し、
読み深める中で、だんだんと見えてくるものだ。

Q-10

「作品の心」を受け取るとは？

「作品の心」を受け取るために
「問いをもって読む」ことはわかりました。
でも、実際の授業ではどうしたらいいのですか？
もう少し具体的に教えてください。

『世界でいちばんやかましい音』で指導するなら？

『世界でいちばんやかましい音』は、とらえやすいしくみですね。「クライマックス場面」は誕生日の日だと、子どもたちもとらえます。そこで、①何が変わったんだろう、②どのようにも関連づけて、どのように何が変わったかを問いかけてみる。誕生日の贈り物が、世界中みんなで声を合わせるはずだったのに、一人ぐらいならいいだろうと、みんなが思ってシーンとしてしまったから、結果として変わった、ということを子どもたちから引き出すのです。

「クライマックス場面」というのは何かが大きく変わる場面だよな。王子様の誕生日の日に何かが大きく変わったから、ここを「クライマックス場面」にしたんだ。じゃあさ、何が変わったんだ？

「王子様でしょ？」

「ギャオギャオ王子が変わった！」

どうして？

「シーンとしたから」

「シーンとすることによって、生まれて初めて自然の音を聞いた」

「静かなのがいいな、って思った」

静けさのよさを知ったんだね？　どのように変わったのか？

「やかましい音が大好きだったギャオギャオ王子が誕生日の日に、静けさ、自然の音のすばらしさがいいというふうに変わるお話」

「ギャオギャオ王子の心が大きく変わる物語」

「前ばなし」と「あとばなし」のある物語では、「前ばなし」と「あとばなし」を対応させて読むというのが基本中の基本。「前ばなし」と「あとばなし」を対応させて読むと、何がどうしてどのように変わったかが、大きく見えてくることを教えます。

このお話も、「前ばなし」、「あとばなし」があるお話だ。「前ばなし」、「あとばなし」を読んで気づくことはないか、と問いかけ、「前ばなし」と「あとばなし」が対応して書かれていること、そして、ほとんど表現が変わっていないが、書かれている内容が一八〇度違うということをおさえさせます。

君たちは、「前ばなし」と「あとばなし」があるって学んできたね。「前ばなし」と「あとばなし」のあるお話では、「前ばなし」と「あとばなし」は何が変わったのか、何が違っているかって、比べて読んでみるといい。そうすると、何が変わったかが大きく見えるよ。

「『前ばなし』では、世界でいちばんやかましい町、ガヤガヤの町の人の様子も含めて、やかましい町が描かれている」

では、「あとばなし」では?

「静かな町の様子が描かれている」

そうだね。ギャオギャオ王子の様子も含めて静かになった町の様子が描かれているね。

「えー、描かれてないよ。王子のことは書いてない!」

そうだ。よく気づいたね、「あとばなし」にはギャオギャオ王子は出てこない。対応しているのは、やかましい町から静かな町に変わった様子だ。アヒルも含めて、町の人々が静かな様子になったことが描かれているね。

一日講座シリーズ２『物語授業づくり一日講座』（P36～37）

ギャオギャオ王子が「クライマックス場面」で変わった。その後の場面では、ギャオギャオ王子だけではなくなっていることに着目させたい。ギャオギャオ王子も含めたガヤガヤの町全体が大きく変わる物語だということ。もちろん王子様も変わっている、でもそれだけではなくて、王子様も王様も含めた町全体が大きく変わる物語。やかましさから静けさへ、という物語だ、ということをおさえるのです。

「前ばなし」と「あとばなし」を意識させるとは？

「前ばなし」と「あとばなし」を意識して読むことで見えてくるものがあると言いました。「前ばなし」と「あとばなし」を対応させて読むことで、大きく変わったこと、何がどうしてどのように変わったかがはっきり見えてくることを、子どもたちはすでに学んでいます。

例えば『かさこじぞう』では、たいそうまずしくてその日その日をやっと暮らしていたじいさまとばあさまが、よいお正月を迎えることができて物語が終わりました。物語の「前ばなし」に描かれていることが、「あとばなし」で大きく変わっていた。この『かさこじぞう』では、じいさまとばあさまの生活、置かれている状況が、暗から明へと転換している。じいさまとばあさまの気持ちも変わっただろうけれど、二人の置かれている状況が変わっている。

どうして？とくると、「クライマックス場面」の「じょいやさじょいやさ」とどうしてやってきたのかを読みこまないといけない。でも、「前ばなし」と「あとばなし」を対応させて見ることで、何が大きく変わったかがわかります（『かさこじぞう』の指導については、一日講座シリーズ②『物語授業づくり一日講座』に詳しい）。

『大造じいさんとがん』は、「前ばなし」で、残雪のことをいまいましく思っている大造

「前ばなし」、「あとばなし」を対応させて読むことは基本中の基本。
対応させて読むことで、大きく変わるものがはっきりと見えてくる。
何が変わったか、どのように変わったか、どうして変わったのか、
という読みの問いをもってもう一度読みをつくり直すのだ。

じいさんが描かれます。それが「あとばなし」ではどうか？

翌年の春のじいさまは、いまいましく思っていた残雪に、「おうい、がんの英ゆうよ。おまえみたいなえらぶつを、おれは、ひきょうなやり方でやっつけたかあないぞ。なあ、おい、今年の冬も、仲間を連れてぬま地へやってこいよ。そうして、おれたちは、また、堂々と戦おうじゃあないか。」と呼びかけています。「あとばなし」では、飛び立っていく残雪を晴れ晴れと見送るじいさんが描かれているのです。「前ばなし」と「あとばなし」では、大造じいさんの残雪に対する思い、認識がまったく変わっていました。

大造じいさんの思いが変わる物語だという前提で再度読み直す。どのように変わったかと言えば「いまいましいやつ」から「がんの英ゆうよ、えらぶつ」に変わるんだけど、どうして変わったのか？　については、もっとしっかりととらえ直さないといけない、という思いで読み直す必要があるのです。簡単に言葉でくくってはいけないのです。

そこで、もう一回物語の世界に入って大きくとらえ直す必要が生まれてくる。大造じいさんの思いは一年目、二年目、三年目とどう変わっていったのか、そしてどこで大きく変わるのか、「クライマックス場面」に注目することで、残雪に対する大造じいさんの心の変容を明確にとらえることができるわけです。

「前ばなし」、「あとばなし」を対応させて読むことは基本中の基本。対応させて読むこと

で、大きく変わるものがはっきりと見えてくる。何が変わったか、どのように変わったか、どうして変わったのか、という読みの問いをもってもう一度読みをつくり直せ。そうする中で「作品の心」が見えてくる……と子どもたちに教えます。

読みをつくり直すとは？

『海のいのち』も典型的な「前ばなし」、「あとばなし」をもつ物語です。『海のいのち』の「前ばなし」では、海に生まれ、もぐり漁師である父にあこがれる海が大好きな少年、太一が描かれ、「あとばなし」では、村の娘と結婚し、子どもを四人育て、そして村一番の漁師であり続けた太一が描かれています。この「前ばなし」と「あとばなし」を対応させてみることで、大きく変わったことが見えてきますね。「前ばなし」では村一番の漁師である父にあこがれている太一が、「あとばなし」では村一番の漁師になっています。

「前ばなし」、「あとばなし」を対応させてみることから、何がどうしてどのように変わったのかを大きくとらえてみよう。そのうえで大きく変わる「クライマックス場面」を意識して読み直してみるのです。

『海のいのち』の山場、最も大きく変わるところは、巨大なクエを殺そうとしてもりを突き出すけれども、最後には太一がもりを下ろすところですね。父のかたきを討つため、父を越えるため、巨大なクエを殺そうとする太一が、「おとう、ここにおられたのですか」とクエが海のいのちだと思えた、ここが大きく変わる場面。

「前ばなし」と「あとばなし」を対比させて読むことで、太一が変わったことはつかめます。では、太一はどのように変わったんだろう、どうして太一は変わったんだろう、というのがこのあと大事な読みの問いになっていきます。クライマックス場面を中心にすえて、再

度、作品全体を通して太一の転換、心の変容を読み解いていくことになるわけです。
私の『海のいのち』におけるオンリーワンの発問は「なぜ太一はもりを下ろしたか」です。「なぜ殺さなかったのか」という大きな読みの問いをもとにして、もう一度物語を読むということが、まさに物語を読むということです。

『世界でいちばんやかましい音』は、「前ばなし」と「あとばなし」を対比させて読むことで、町の人全体が変容したことが見えるといいました。ギャオギャオ王子、王様も含めた町全体が変わったと、子どもたちにも簡単に言えます。やかましさから静けさへ大きな転換、人々の音に対する思い、認識が変わった……このレベルで「作品の心」をまとめようとしたら、そこで終わってしまいます。そうすると、もう方向性は決まっています。おそらく「自然な音はいい」「自然っていいな」「人間にとって自然は大切にしなければいけない」…といったことを子どもたちはまとめるでしょう。静けさも含めて、自然の音に関わる「作品の心」をまとめることは明らかです。

ここで終わってはいけないということ。まだ見えていない大事なことを子どもたちに見せないといけないのです。子どもたちは、まだ大切な言葉を見ていないから、プラスα、つっこみの発問が必要なのです。

その発問とは何か？「前ばなし」と「あとばなし」を比べてみると、変わったものがわかると言いました。改めて前ばなしとあとばなしを比べてごらんと促すのです。書かれている表現のしかたは似ている。ところが描かれている内容が変わっている。さらに、あとばなしに王子様は描かれていない。だからこそ、あとばなしでは王子様も王様も含めて、町全体が変わった、と我々は考えなければいけないのです。

「たいそう自慢して」というのも「前ばなし」にも「あとばなし」にもあるね。「前ばなし」で自慢していることはなんだ?

「やかましさ」

「世界でいちばんやかましいことを自慢している」

そうだね。だから立て札にも書いているね。世界でいちばんやかましい町と。やかましいということを自慢しているね。じゃあ、「あとばなし」で自慢していることは?

「世界でいちばん静かで平和だということ」

やかましさを自慢していた人が静けさを自慢するのはわかるよ。なんだ? この平和って。

「うーん」

となると、「前ばなし」では平和の反対で戦争していたのか? 戦争していたわけではないよね? となると、なんで「あとばなし」で平和を自慢するんだろう。平和ってなんだ?

平和って何を自慢するのかな? 平和ってどういう状態? どうして平和って生まれるの? 改めて子どもたちに投げかけ、考えさせます。

「平和って…争いがないこと」

「静かで平和、だから、静かで…おだやか?」

「心おだやかなことじゃないかな?」

そうだね。人と人が自分の思い、やりたいことを突き合わせたら、平和にはならんでしょ。人と人が欲望と欲望を出し合えば必ずぶつかる、ところが人が人のことを思いやる、みんなが自分と同じように人のことも大切に思うようになれば、初めて平和が生まれる。

「思いやる心なくして平和なし」だよ。

改めて考えてみよう。

静けさって、人のことを思いやる心がないと生まれないんだよ。ところが、「前ばなし」に描かれている町は「人よりも自分」だ。人よりも大きく、人よりも大きく、…で生きているから、世界でいちばんやかましい町になる。となると、何が変わったかというのも、単なる音に対する好みが変わる物語ではなく、人々の生き方が変わる物語だといえる。だからこそ言うんだね。「平和なことを自慢する」んだね。すると、「前ばなし」で描かれている最も自分勝手でわがままな人ってだれ？

「王子」

そうだね。王子は、子どものくせしてとりわけやかましく、世界でいちばんやかましい音を聞きたいと思っているだろう？　さらにいうと誕生日に世界中の人に一斉に叫ばせようとしている。これほど自分勝手なやつはいない！　でも、この王子様はだめなやつか？本文に戻ってみよう。王子はいくつだったっけ？

「まだ六つにもなっていないよ」

幼稚園児だ。そして生まれてからずっと、身勝手な人たちの間で育っている、と読むと、なんだかかわいそうな気もしてくるよね。王様は王子様のことを思っているけど、誕生日にみんなに一斉に叫ばせるのを決めた理由は？

「世界で最初の人になれるから」

そうだね、王様もまた、自分のため、身勝手。おかみさんも町の人もみんな、私くらい、自分さえよければ、という気持ちでいたでしょ？　自分は世界でいちばんやかましい音を聞きたい、と。

「ああ、だからシーンとしたんだもんね」

平和という言葉を見せたときに、見えてくるものが変わります。「作品の心」も、単なる音ではなくなるのです。平和という言葉を見せることで、生き方が前面に出てきて、音は弱くなるでしょう？　もちろん、このように見せたとしても「自然の音がよい」と「作品の心」をまとめる子もいます。でも、「思いやりの心」や生き方レベルまで広げる子も出てきます。

いいのです！　受け取るものは読者で違っていいのです。

ただし何度も言う。多様な「作品の心」の方向性は見せろ！と。

「あとばなし」の立て札にも「ようこそ」と思いやる心が現れています。五年生になったら、こんな流れで読ませるといい。

学年に応じた「読み」とは？

物語のしくみは何のために教えるか？　形をとらえるためではなくて、作品の心をつかむために大変重要なんですね。

「クライマックス場面」を意識するためには、このくらいのしくみはとらえよう、ということです。「クライマックス場面」はどこか、というのはなんとなくは言えるでしょう？　『ごんぎつね』ならあそこだ、『海のいのち』なら、『大造じいさんとがん』なら…。「クライマックス場面」がだいたいつかめたら、何がどのように、どうして変わったのかの読みの問いを心に抱きつつ、読み直す私がいる。そこから「作品の心」を受け取るための深い読みが始まるんですね。

物語の学習では、場面ごとに正確に読み進めることも大事ですが、それを六年生までず

っとやっていてはだめです。それだけでは子どもも飽きるし、いつまでたっても自分だけで読めない子のままです。

「クライマックス場面」で最も変わることは何だろう、そして、どうして変わったのだろうと意識することで、読みの授業は子どもにとって主体的なものになるのです。この「読みの問い」こそが、子どもの読みを変えるといってもいいでしょう。

低学年の段階から「場面はいくつ？」と考えさせる。「時・場・人物が大事だよ！」とおさえさせる。一年生の段階から始まっているんです。六年間の段階を意識して教えなければ物語の授業は変わらない！

子どもに教えるべきことは？

「クライマックス場面」に読みの中心を置いて、そこから詳細な読解をしっかりとやり、「変わったことは何だろう」「どのように変わったのだろう」「どうして変わったのだろう」と考えて、初めて見えてくるのが「作品の心」だ、と子どもに教えます。

作品が自分に最も強く語りかけてくること、それが「作品の心」です。何度も繰り返しますが、受け取るものは十人いれば十人違っていい。「作品の心」を自分の言葉で表すことが大切なのだと意識させることも大事です。

我々教師がすべきことは、子どもの段階を見つつ、子どもの読みを大切にすること。子どもの「いま読めている読み」をさらに深めること。見えなかったものを見せることで、読みを広げてやること。……それが子どもの読みを大切にするということです。

「作品の心」は一つではない、という言い方をしていますが、言い方をかえれば、「作品の心」は一つであっても、我々は多様な見せ方、いろいろな方向性でその「作品の心」の見え方を示したいのです。

子どもと教師が対等の読者であるなんて言ってはいけない。我々はプロだ。子どもたちは我々のてのひらの上で読んでいるのです。多様な解釈は、プロである我々がしっかりと多様な解釈をもったうえで、子どもに見せるべきものであって、子どもとともに考えるものではないのです。

作品の読みを「子どもの読みから学びました」なんて聞くと、美しいけれど、「教師が教材研究していないだけじゃないのか？」と恥ずかしくなります。我々は「子どもから学んだ」なんて、簡単に言ってはいけない。プロ意識をもたないとだめだということです。

ただ、子どもの独特の、我々が忘れている感性で読むことはあります。それは否定できない。でも、それはごくたまに。ごくごくまれなことだと思います。

だからこそ教材研究が大切なのです。多様な解釈、さまざまなスポットの当て方を見つけるために、自分一人だけでなく、教師仲間で多様に解釈し合い、勉強することがきわめて重要だと思っています。

普通、大人になってからの読書は、一回で終わることが多い。

でも、一回読んだだけでは見えなかったことが、もう一回読むと見えてくることもある。最初に読んだときの「作品の心」が変わることがある。もう一回読むと、さらに変わることもある。だから、子どもたちにも「優れた物語は、あえて二回読んでごらん」と促します。

実は我々が物語の授業で何をやっているかと言えば、それをやっているんですね。一読でも感想はもてる。でももう一度読み直すことで、感想が変わることもある。おもしろさ

我々はプロだ。子どもたちは我々のてのひらの上で読んでいるのだ。多様な解釈をするためにも、プロ意識を高くもち、学び続けなければならない。

が見えてくることもある。ただ、読み直すときに、なんとなく読み直していたのでは変わらない。ところが、ある観点をもってもう一回深く読み直してみると、「作品の心」が変わってくる。それまでに学んできている観点をもって、読み返す。その繰り返しです。

この学習のしかたを繰り返すことによって、一読においても「クライマックス場面」を意識しながら読むようになってきます。初読の段階で、「作品の心」をもてるような子も育ってきます。

「前ばなし」、「あとばなし」を知った子は、「前ばなし」を読むときから、意識して読むようになるでしょう？　前の学びをもとに、積み上げていく。その繰り返しです。だから、何時間もかけて作品を読むのです。

だから、初発の感想が変わるという体験をさせておかなければいけないのです。初発の感想を書くのは、教師が子どもの読みの実態を見取るためだけではないのです。子ども自身が初発の感想を書くことで、これからどんなふうに自分の感想が変わっていくのかを思い描きながら再び作品に向き合わせるために。

現実には、初発の感想をもつところで、再読のための問いをもてる子どもはわずかです。それでも、「クライマックス場面」を意識したら、読みは変わってきます。子どもの言葉を拾いながら、つなげながら。意識していなかったら、子どもに見せながら、気づかせ、考えさせていく。もてなかった読みをつくらせる。読みを深める、広げさせるというのが、我々の仕事。

子どもは今はまだ、読めない、書けないのです。だからこそ、我々の仕事があるのです。

これだけはおさえよう!

受け取るものは読者で違っていいのです。

ただし何度も言う。

「作品の心」の多様な方向性は見せよう!

教師はプロ意識をもたなければいけない。

あとがき「明日の授業を求める教師たちへ」

春四月、私の教室にやってきた子どもたちに、次のような文章を読んであげました。

小学校教師、国語教師として生きる、私の「夢」です。

「夢」のクラス

そのクラスでは、だれもが読みたくてたまらない。一編の文章や作品に描かれた言葉を丁寧に検討し、言葉の意味、文章の要旨、作品の主題を自分らしく読み取り、自分の考えや読みの世界を確かにもつことに懸命になる。

そのクラスでは、だれもが書きたくてたまらない。自分という存在を言葉で書き表すことの喜びがわかり、書くことで自分らしさを確認でき、仲間に伝えられることを知っている。だから、必死に言葉を選び、構成を考え、表現を工夫する。

そのクラスでは、だれもが話したくてたまらない。ある話題について、自分の思いを言葉で表現しようと、だれもが適切な言葉を探すことに必死になる。思いを託せる言葉をもてたら、仲間に伝えようと懸命に挙手する。

そのクラスでは、だれもが仲間の考えを受け取りたくてたまらない。ある話題について仲間はどう考えるのか、自分の抱く思いと同じなのか違うのか、知りたくて仕方がない。だから仲間の発する言葉に必死に耳を傾ける。

そのクラスでは、言葉を媒介にして、思いを伝えあうことの重さをだれもが知っている。言葉は、「自分らしさ」を仲間に伝え、仲間の「その人らしさ」を受け取る重要な手段であることを、学級集団全員が「価値」として共有している。

そのクラスでは、言葉が、静かに生き生きと躍動している。


教室にいる全ての子どもたちに、物語の確かな読みの力を獲得させたい。本書では、そんな思いで日々の授業を懸命につくろうとしている先生に、物語の読みの学習指導過程を紹介しようと試みました。

国語授業はそれでもやはり難しい。私自身の試行錯誤は続きます。

けれども、子どもたちに「言葉の力」を育むことが私たちの「仕事」。

今日よりも少しでも価値ある授業を求めて、私たち教師自身が学び続けるしかないのでしょう。そして、遠いいつか、「夢のクラス」を実現するために。

二〇一三年六月

二瓶弘行
Nihei

著者紹介

二瓶 弘行（にへい・ひろゆき）

1957年新潟県生まれ。早稲田大学第一文学部卒業。新潟県内の公立小学校に勤務。その後、上越教育大学大学院の修士課程を修了。1994年から筑波大学附属小学校教諭、現在に至る。立教大学兼任講師、全国国語授業研究会理事、国語教室ネットワーク「ひろがれ国語」代表。『“夢”の国語教室創造記』『いまを生きるあなたへ贈る詩50』『いまを生きるあなたへ　続贈る詩50』『二瓶弘行の国語授業のつくり方』『二瓶弘行の物語授業　教材研究の条件』『贈る詩　あなたへの言の葉』（東洋館出版社）、『二瓶弘行の説明文一日講座』『二瓶弘行の物語　授業づくり一日講座』『二瓶弘行と国語“夢”塾の対話　授業づくり一日講座』（文溪堂）など著書多数。

この本のもとになった二瓶弘行先生の「物語授業づくり一日講座　入門編」に参加してくださった先生方

（平成25年1月20日開催）

河合啓志　大阪府池田市立池田小学校

重廣　孝　広島県府中市立府中小学校

宍戸寛昌　福島大学附属小学校

藤井大助　香川大学教育学部附属高松小学校

藤原隆博　東京都江戸川区立船堀第二小学校

弥延浩史　青森県藤崎町立藤崎小学校

山本真司　南山大学附属小学校

（敬称略・五十音順・勤務先は平成25年4月のもの）

*

写真／佐藤正三（スタジオオレンジ）

装丁・デザイン／川尻まなみ（株式会社コスミカ）

DTP／三浦明子（株式会社コスミカ）

編集協力／池田直子（株式会社装文社）

二瓶弘行の「物語授業づくり 入門編」

2013年7月　第1刷発行

著　者	二瓶弘行
発行者	水谷邦照
発行所	株式会社**文溪堂**
	東京本社／東京都文京区大塚 3-16-12　〒112-8635　TEL（03）5976-1311（代）
	岐阜本社／岐阜県羽島市江吉良町江中 7-1　〒501-6297　TEL（058）398-1111（代）
	大阪支社／大阪府東大阪市今米 2-7-24　〒578-0903　TEL（072）966-2111（代）
	ぶんけいホームページ　http://www.bunkei.co.jp/
印刷・製本	サンメッセ株式会社

ISBN978-4-7999-0041-3　NDC375　128P　235mm × 182mm